ちくま新書

# 資本主義は私たち
# ないのか



ナンシー・フレイザー
Nancy Fraser
江口泰子＝訳

1740

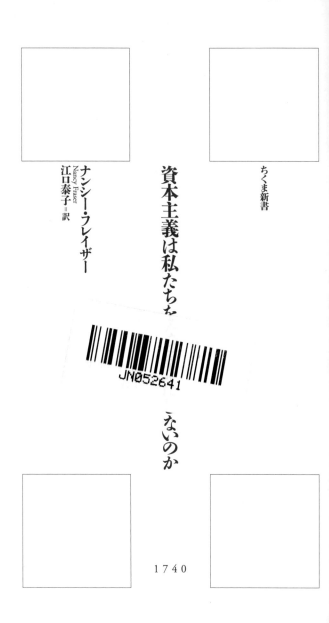

# 資本主義は私たちをなぜ幸せにしないのか【目次】

ロビン・ブラックバーンとラーヘル・イエッギに
なくてはならない対話のパートナーで大切な友人

序章

# 共喰い資本主義

――私たちはもう終わりなのか

私たちは窮地に陥っている。わざわざ言われなくても、そんなことは誰でもわかっているだろう。絡み合い、迫りくる脅威を感じとり、その恐ろしさに動揺し、すでに悲惨な状況に見舞われている。多額の負債、不安定《プレカリアス》な仕事、ぎりぎりの生活。先細りする公共サービス、老朽化するインフラ、厳しさを増す移民政策。人種差別の絡んだ暴力、致死性のパンデミック、異常気象。共通するのは政治の機能不全だ。その混乱が、解決策を考え出し、実行する私たちの能力を妨げている。どれも特に新しい話ではない。改めて説明するまでもないだろう。

本書では、これらの悲惨な現象の原因を詳しく探っていく。その病弊の根源を突き止め、名前をつける。「カニバル（共喰い）資本主義」。私たちを今日の状況に追い詰めた社会システムを、私はそう呼ぶ。この呼び方がなぜ的を射ているのか。その理由を探るために、まずはカニバルと資本主義という二つの言葉について見ていこう。

「カニバリズム」にはいくつか意味がある。最も具体的でよく知られているのは、人間が人肉を喰べる儀式だ。長い人種差別の歴史によってこの言葉は、ヨーロッパの帝国主義に捕食される側だったアフリカの黒人たちに、論理を逆転させるかたちで当てはめられた。それゆえ、本書でその状況をくつがえし、資本家階級を指すキーワードとして持ち出すことには、ある種の満足感を覚える。本書が明らかにするように、資本家階級は、自分たち以外の何もかもを喰い物とする。

だが、この言葉が持つもっと抽象的な意味は、私たちの社会のより深淵な真実を捉えている。「カニバル」の動詞形である「カニバライズ」には、装置や事業をつくり出すか維持するために、別の装置や事業から重要な要素を抜き取るという意味がある。あとの章で述べるように、それは資本主義の経済分野と経済以外の分野――家庭やコミュニティ、生息環境や生態系、さらには国家能力や公的権力――との関係に酷似している。資本主義経済は、非経済的分野の重要な要素をとことん喰い尽くすのだ。

「カニバライズ」はまた、天文学分野でも特別な意味を持つ。天体が引力によって別の天体の質量を呑み込むときにも、この動詞を使うのだ。この表現もまた、世界システムの周辺に位置する自然と社会の富を、資本がみずからの軌道に引きずり込むというプロセスの特徴をうまく捉えている。

そして最後がウロボロス。これは、己の尻尾を咥《くわ》えて円環を成す蛇のシンボルのことだ。これこそまさに、己の存在を支える社会、政治、自然――それはまた、私たち人間を支える土台でもある――を貪り喰うことを、あらかじめ組み込まれた資本主義システムにぴったりのイメージだ。これらをすべて合わせて、共喰い《カニバル》という隠喩は資本主義社会を分析する際に役立つ確かな方法となる。資本主義社会とは、餌に喰いつき、喰い荒そうとする、制度化された狂乱状態だと捉えられる——そのメインディッシュは私たちだ。

「資本主義」という言葉もまた、より明確にする必要がある。この言葉は、私的所有と市場交換、賃金労働と営利目的の生産を基盤とする経済システムを指す場合が多い。ところが、この定義ではあまりに狭く、資本主義システムの本質を明らかにするどころか、曖昧にしてしまう。本書で考察する「資本主義」は、もっと広い意味を持つ。すなわち、利益第一の経済が機能するためには非経済的な支援が必要であり、その支援を捕食する権限が経済に与えられた社会秩序である。たとえば自然と被支配民から収奪した富。たとえその価値を認められたとしても、つねに過小評価されるケア労働（育児や介護など）。資本が必要としながらも、削減しようとする公共財と公的権力。労働者の活力や創造力など。これらの富はどれも企業のバランスシートには表れないが、企業が利益を追求するための前提条件だ。資本の蓄積を支える重要な基盤であり、資本主義秩序の本質的な構成要素でもある。

したがって、本書において「資本主義」とは経済の種類ではなく、社会の種類を指す。その社会では、公的経済が投資家と所有者のために貨幣価値を積み上げることと、それ以外の人の非経済的な富を貪り喰うことにお墨つきを与える。それらの富を大皿に盛りつけて企業階級の前に差し出し、私たちの創造的な能力と私たちを養う地球という食事を楽しむように促す。ところが、そうやって消費した分を補充したり、損害を回復したりする義務はない。そして、そこにこそ問題の原因がある。己の尻尾を喰らうウロボロスのように、資本主義社会は己を貪り喰おうとする。みずからがみずからを不安定化する真の原動力であり、周期的に危機を引き起こすとともに、つねに私たちの存在の基盤を喰い荒らす。

そうであれば、共喰い資本主義こそ現在の危機の根源だ。率直に言って、それは珍しいタイプの危機である。なぜなら、さまざまな大喰いが一つに収斂《しゅうれん》した危機だからだ。私たちが直面しているのは、数十年に及ぶ金融化が生んだ、〝単に〟激しい不平等と不安定な低賃金労働の危機ではない。ケアあるいは社会的再生産に〝限った〟危機でもない。移民と人種差別が絡んだ〝ただの〟暴力の危機でもない。温暖化する地球が致死性の感染症を生み出す、生態系〝だけ〟の危機でもなければ、空洞化したインフラ、先鋭化する民間武装勢力、独裁者が次々に登場する〝単なる〟政治的危機でもない。いや、それ以上に深刻だ。社会全体の秩序が全般的な危機に陥っている。その社会秩序のなかで、あらゆる惨事が一つに集まり、互いを悪化させ、私たちみなを呑み込んでしまいそうだ。

本書では、機能不全と支配の巨大なもつれを綿密に描き出していく。資本主義に対する私たちの視野を大きく拡げ、資本の〝食〟に経済分野以外の原材料を加えることで、現在の危機的状況のあらゆる抑圧、矛盾、衝突を一つの枠内に組み込む。その枠内において、構造的な不正義とはもちろん階級の搾取を意味するが、それだけではない。ジェンダー支配、人種的抑圧および帝国主義的な抑圧も意味する。どちらも、より多くの利益を搾り取るために、社会的再生産よりも商品生産を優先するとともに、人種差別に基づいた収奪を要求する、社会秩序の必然的な副産物だ。同じく、先に述べたように、資本主義システムの矛盾は単なる経済危機ではなく、ケア、エコロジー、政治の危機でもある。今日、そのすべての危機が蔓延している。何もかも、新自由主義（ネオリベラリズム）と呼ばれる企業の長年の暴飲暴食が原因だ。

　最後に、共喰い資本主義は、複雑に絡み合ったさまざまな社会闘争を引き起こす。生産場面の階級闘争だけではない。資本主義システムの構造的な接合点で生じる境界闘争もそうだ。それは生産と社会的再生産が隣接する場所で、公共か民間か、有償か無償かを問わず、ケアをめぐって対立を誘発する。それは搾取と収奪が交差する場所で、〝人種〟、移民、帝国をめぐって闘争を煽動する。それはまた、蓄積と地球の岩盤がぶつかる場所で、土地とエネルギー、動植物相、地球の運命をめぐって衝突を引き起こす。そして最後に、グローバル市場と巨大企業が国民国家や国境をまたぐ統治機関と出会う場所では、公的権力のかたち、支配、権限が届く範囲をめぐって闘争を駆り立てる。資本主義の概念を拡張すると、単一であると同時に分化した概念のなかに、私たちが陥っている現在の窮地のあらゆる構成要素が見つかる。

そのような概念をまとい、本書は切迫した実存的問いを投げかける。「私たちはもう終わりなのか」。人類を絶滅の顎《あぎと》へと追いやる社会システムの解体方法が見つけ出せるだろうか。共喰い資本主義が生み出した複雑な危機に、一体となって取り組めるだろうか。それは〝ただ〟の地球温暖化の問題ではない。公的活動を行なう集団的な力が〝単に〟破壊されつつあるという問題でもない。互いを思いやり、社会的つながりを維持する人間の能力に対する総攻撃に〝限られている〟わけでもなければ、その影響を貧困層、労働者階級、人種差別される者に押しつけること〝だけ〟でもない。私たちが協力して立ち向かうべきは、さまざまな問題が撚《よ》り合わさった全般的な危機なのだ。多様な社会運動、政党、労働組合、集団的行為者の闘争を調整する十分な幅とヴィジョンを持ち、生態系と社会の変容を目指し、解放を勝ち取る対抗ヘゲモニーのプロジェクトを思い描けるだろうか――共喰い資本主義をきっぱりと葬り去るプロジェクトを。この重大な局面にあって大きな実効性を持つのは、まさしくそのようなプロジェクトなのだ。

さらに、資本主義に対する概念を拡張したあとは、私たちの考えも拡張しなければならない。いまの資本主義を何に置き換えるべきか。それを社会主義と呼ぶのか、別の方法で呼ぶのかはともかく、私たちが求める選択肢では、資本主義システムの経済だけを再編成することが目的であってはならない。共喰い資本主義が近年貪り喰っている、あらゆるかたちの富と経済との関係までも再編成しなければならないのだ。もしそうであるならば、生産と再生産との関係、私的権力と公的権力との関係、人間社会と自然との関係までもつくり変えなければならない。そんなことはとても無理だと思えたとしても、それが私たちの最大の願いだ。大きく考えることでしか、私たちを喰い尽くそうとする共喰い資本主義の飽くなき衝動に打ち勝つ望みはないのだ。

第1章

# 雑食

## ——なぜ資本主義の概念を拡張する必要があるのか

## †資本主義の復活

資本主義が帰ってきた！　数十年の時を経て、マルクス主義の思想家の著書や論文を除いて、ほとんど見かけることのなかったこの言葉が帰ってきた。幅広い分野の解説者はいま、資本主義の持続可能性について公然と懸念を表明し、あらゆる学派の専門家は先を争って批判の体系化に乗り出し、世界中の活動家は集結して抗議運動を繰り広げている。「資本主義」の復活は確かに歓迎すべき展開だ。もし現在の危機の深さを明瞭に示す証拠が必要ならば、資本主義の復活こそはその印であり、体系的な説明が広く渇望されている証でもある。資本主義をめぐって語られることのすべてが、私たちを取り巻くさまざまな金融的、経済的、生態学的、政治的、社会的病弊の原因が、共通の根源にたどれるのではないか、という認識の高まりを表している。

それはまた、病弊の奥深くにある構造的基盤に取り組まない改革は実を結ばない、と人々が気づき始めた兆候でもある。同じように、資本主義という言葉の復活から読み取れるのは、現代の本質的に異なる社会闘争どうしの関係を明らかにする分析が、多くの分野で望まれているということだ。そのような分析は、資本主義システムの対抗ブロックにおいて、きわめて進歩的で革新的な潮流の――完全な統合とは言わないまでも――緊密な連携を育むこととなる。分析の軸を資本主義に置くべきだ、という直感は的を射ている。

それでも、このところの資本主義ブームは、ほとんどがレトリックの域にとどまっている。体系的な批判を望む兆しは見られるが、実質的な貢献にはいまだ乏しい。数十年に及ぶ社会的健忘症のおかげで、いまの世代の活動家や専門家は、言説分析の洗練された使い手にはなったものの、「資本批判（キャピタルクリティク）」の伝統にはまったく無知なままだ。近年の危機的状況を明らかにするために、その資本批判をどう使いこなせばいいのかについて、彼らは今日、ようやく問い始めたばかりだ。

彼らの〝上の世代〟、すなわち反資本主義の動乱を経験した先輩たちは、ある種の指針は与えたかもしれないが、みずからの視野の狭さが災いしている。精一杯の努力にもかかわらず、彼らはフェミニズム、エコロジー、ポストコロニアリズム、そして黒人解放の思想について得た洞察を、体系的な方法で資本主義に対する理解に組み込むことに、ほとんど失敗してきた。

つまるところ、資本主義を明確に定義する――ましてや、資本主義から解放する解決策へと導く――批判理論もないいままに、私たちはきわめて深刻な資本主義の危機を生き抜いている。もちろん、今日の危機は、私たちが引き継いだ標準的なモデルでは間に合わない。

今日の危機は多くの次元から成り、金融を含む公的経済だけでなく、〝非経済的な〟現象をも包含する。たとえば地球温暖化や〝ケア不足〟、さまざまな規模の公的権力の空洞化などだ。それにもかかわらず、私たちが受け継いだ危機についてのモデルは、もっぱら経済面に焦点を当て、ほかの面とは切り離して経済領域だけを特別視している。

同じように重要なのは、今日の危機が新たな政治的構図と社会闘争の文法を生み出している点だ。自然、社会的再生産、土地や財産の剝奪、公的権力をめぐる闘争は、この星座の中心に位置し、国籍、人種、民族、宗教、セクシュアリティ、階級といった不平等の多様な軸の存在を暗示する。ところが、この点においても、古い理論モデルはいまなお生産場面の労働闘争を最重視しているため、私たちの役には立たない。そういうわけで、一般的に言って、私たちにはいまの時代に適した資本主義とその危機の概念が欠けている。

本書では、現代にふさわしい資本主義とその危機の概念を紹介する。この章では、カール・マルクスの『資本論』第一巻のおもな議論の背後にある考えを問うことで、現代の資本主義の概念について詳しく見ていこう。全体的な概念の源泉として、『資本論』第一巻は多くの糧を提供してくれる。しかも、いま述べたようなより広い問題に対して原則的に開かれている。とはいえ、ジェンダー、人種、エコロジー、政治権力を、資本主義社会に巣食う不平等の構造的な軸として体系的に考慮しているわけではない。ましてや、社会闘争の重要な要素や前提として捉えているわけでもない。それゆえ、『資本論』第一巻のきわめてすぐれた考えを改めて構成し直す必要がある。

したがって、私の戦略はまずマルクスの議論そのものに目を向けたあと、その背後にひそむ考えに注目し、古い問いに新たな光を当てることだ。すなわち、資本主義とは具体的に何か。どうすれば最もうまく概念化できるのか。資本主義をどのように捉えるべきか。経済システムとしてか。倫理的生活のかたちとしてか。それとも制度化された社会秩序としてか。資本主義の〝危機をはらむ傾向〟をどう特徴づけるべきか。そして、その傾向をどこに見出すべきか。

## †マルクスによる資本主義を規定する特徴

まずは、マルクスが資本主義を規定する特徴とみなした要素について見ていこう。そのため、今日の資本主義をたどる私の思考の流れは、最初、正統的なもののように見えるだろう。だが、私のアプローチはすぐに正統派から外れる。それは、資本主義を規定する特徴の前提には別の要素があり、それが資本主義を成り立たせる可能性の背景条件を構成しているという点を示すためだ。資本主義の秘密を発見するために、マルクスは交換分野の背後にある生産という〝秘められた場所〟を覗いた。私もマルクスにならって、生産分野の背後にひそむ、さらに秘められた領域にあって、生産を成り立たせる可能性の条件を探し出すこととする。

まず、マルクスにとって資本主義を規定する第一の特徴とは、生産手段の私的所有である。これによって、所有者と生産者とのあいだに階級区分が生まれた。その区分が生じたのは、それ以前の社会が解体された結果である。それまでの社会では、どれほど異なる立場にあっても、ほとんどの人は生活手段や生産手段にアクセスできた。言い換えれば、労働市場を経由せずとも、衣食住、土地、道具、仕事を手に入れられたのである。そのような社会の約束事を、資本主義は完全に覆してしまった。コモンズ（共有地）を囲い込むことで、多くの者が習慣的に利用してきた権利を廃して、共有財産をごく少数の者の私有財産に変えてしまったのだ。

この第一の特徴が、マルクスが考える重要な第二の特徴である自由労働市場に直接つながる。生産手段から切り離された圧倒的多数の人たちは、自由労働市場という特異な制度を経由しなければ、働くことも、生活を維持して子どもを育てるための必需品を得ることもできなくなった。自由労働市場という制度がどれほど奇異で〝不自然〟か、歴史上、いかに変則的で特殊なことかについては強調するに値する。ここでいう労働者は、二重の意味で「自由」だ。まずは法律上の身分について。彼らは奴隷でも、農奴でも、誰かの所有物でもなく、特定の場所か主人に縛りつけられているわけでもない。そのため流動性があり、労働契約を結べるという意味で自由である。だがもう一つは、土地や道具の習慣的な利用権を含む、生活手段と生産手段からも切り離されているという意味で〝自由〟である。こうして資源と権利を奪われた多くの人は、労働市場を利用せざるを得なくなった。

そういうわけで、資本主義は一つには、労働市場という制度と（二重の意味で）自由な賃金労働の利用によって定義される。とはいえ、後述するように、資本主義はまた、自由でないか従属する人たちの労働、あるいは評価されないか無償の労働にも大きく依存している。

マルクスが捉えた資本主義の第三の特徴は、〝自己〟増殖する価値という同じくらい奇妙な現象だ。[1] 資本主義はシステム全体が一つの目的を遂げるための推進力を持つ、という点で特異だ。それこそが資本の蓄積である。したがって、所有者が資本家としてなすことはすべて資本の拡大が目的となる。生産者と同じように所有者もまた、資本主義システムの特異な衝動に突き動かされる。欲求を満たそうとする誰の取り組みも間接的なものとなり、その欲求に優先する別の何かに利用される――それは、非人間的なシステムに刻み込まれた何にもまさる至上命令であり、資本自体の際限ない〝自己〟増殖の衝動である。

この点でマルクスは非常にすぐれていた。マルクスは述べている。資本主義社会では資本そのものが主体だ、と。人間はその駒にすぎない。人間は、必要なものを手に入れる方法を探し出すいっぽう、次々と野獣に食べ物を差し出す存在に成り下がってしまったのだ。

## †資本主義社会における市場の機能

そして、マルクスが明らかにした第四の特徴は、資本主義社会の市場に特有の役割だ。市場は、人類の歴史を通して資本主義以前の時代にも存在した。とはいえ、資本主義社会の市場の機能は次の二つの特徴によって、ほかの時代の市場とは異なる。まず、資本主義社会の市場は、商品生産に対するおもな投入物（インプット）を配分するという機能を持つ。ブルジョア政治経済学が「生産要素」と呼ぶこれらの投入物は本来、土地、労働、資本だった。資本主義は労働配分に市場を利用するだけでなく、不動産、資本財、原材料、信用の配分にも市場を利用する。生産のための投入物の配分を市場メカニズムを介して行なうため、資本主義は投入物を商品に変える。ケンブリッジ大学の経済学者ピエロ・スラッファは、こんな印象的な言葉で表現した。それは「商品による商品の生産」システムだ、と。とはいえ、後述するように、資本主義システムは背景にある非商品にも依存している。[2]

だが、資本主義社会の市場には重要な二つ目の機能もある。それは、社会的「余剰」の投資方法を市場が決定することだ。マルクスのいう「余剰」とは、一定の生活形式を再生産し、生活で使い果たした分を補充するために必要な量を上まわる、社会的エネルギーの集合的な蓄えを指す。その余剰能力を社会がどう使うのかという、まぎれもなく重要な問題から、人々がどんな生活を送りたいのかという根本的な問いが生まれる――集合的エネルギーを何に投資したいのか。「生産的な仕事」と家庭生活、余暇、そのほかの活動とのバランスをどうとるのか。さらにはどんなふうに自然と関わりたいのか、将来世代に何を残すのか、など。資本主義社会はそのような決定を「市場の力」に委ねる。

この点はおそらく、資本主義の最も重大で倒錯した特徴だろう。なぜなら、人間にとってきわめて重要な問題の決定権を、貨幣価値の量的な拡大を目的とし、社会の富と人間の幸福の質的な測定基準には、まるで無頓着なメカニズムに手渡してしまうのだから。これは、先に述べた第三の特徴と密接な関係にある。資本主義に本来備わっている、やみくもな〝自己〟増殖プロセスを通して、資本はみずからが歴史の主体となり、資本をつくった人間をその地位から引きずり下ろし、資本の召使に変えてしまったのだ。

市場のこの二つの役割を強調することで私が目的とするのは、資本主義は生そのものの商品化をとめどなく推し進める、という広く支持された説に反論することだ。私の考えるところ、その捉え方では、何もかもが商品化されたディストピア世界という、幻想の袋小路に入り込んでしまう。そのような幻想は、解放を目指すという市場の側面を無視しているだけではない。世界システム論を提唱した経済史家のイマニュエル・ウォーラーステインが強く主張した、資本主義はしばしば「半プロレタリア化した」世帯を基盤に作用してきた、という事実をも見落としている。

半プロレタリア世帯では、所有者が労働者に過小に支払い、多くの世帯が生計手段の一部を賃金以外のもので補っている。たとえば自助努力（家庭菜園、針仕事）、非公式の互恵主義（相互扶助、現物取引）、政府の移転支出（福祉手当、社会事業、公共財）などがそうだ。[3]このような制度では、活動や財のかなりの部分を市場領域の外に委ねる。これらは単に、資本主義以前の時代から持ち越した遺物ではない。消滅に向かっている途中でもない。たとえば、二〇世紀半ばにフォーディズムが中核の工業国において労働者階級の大量消費主義を推進できたのは、ひとえに男性が外で働き、女性が家事に専念するという半プロレタリア世帯を通してであり、周辺において商品消費の進展を阻止するという試みを通してだった。

半プロレタリア化は、新自由主義の下ではいっそう明白だ。新自由主義は全体的な蓄積戦略を確立し、数十億の人たちを公的経済から非公式《インフォーマル》なグレーゾーンへと追いやり、そこから富を吸い上げた。後述するように、この種の「原始的蓄積」はいまも進行中であり、資本はこのプロセスから利潤を得るとともに、そのプロセスの上に成り立っている。

となると、ここで重要なのは、資本主義社会において市場化された側面と市場化されていない側面とが共存していることだ。これは偶然でもなければ、経験的な偶発性でもなく、資本主義のＤＮＡに組み込まれた特徴である。実のところ、「共存」という言葉は、資本主義社会の市場化された側面とされていない側面との関係を、うまく捉え切れていない。もっと適切な言葉は「機能の重なり合い」か「依存」だろう。だが、そのどちらでもやはり資本主義社会の倒錯した関係を端的に表しているとは言いがたい[4]。次に説明するように、その倒錯した関係を何よりもうまく表現するのが、「共喰い」という言葉である。

## †〝秘められた場所〟の、さらにその背後

ここまでは、「経済的」に見える資本主義の四つの中心的な特徴に基づいて、資本主義のかなり正統的な定義について述べてきた。事実上、マルクスの考えをたどり、市場交換に焦点を当てるという一般的な視点に立って、市場交換の背後にある生産という〝秘められた場所〟を覗き込んできた。だが、ここからはその秘められた場所のさらに背後に注目し、そこに秘められた条件を探っていくこととする。

ここで私が主張したいのは、資本主義の生産に対するマルクスの説明が意味を成すためには、生産が成り立つ可能性の背景条件を埋める必要があるということだ。したがって、

次の問いはこうなる。四つの中心的な特徴が成り立つためには、その特徴の背後に何が存在していなければならないだろうか。

『資本論』第一巻の終わり近く、いわゆる「原始的」蓄積、あるいは本源的蓄積の章で、マルクス自身がそれに類する質問を持ち出している。[5]マルクスは問う。資本はどこから来たのか、と。生産手段の私的所有はどのように生まれ、生産者はどのように生産手段から切り離されたのか。その前の数章でマルクスは、資本主義が成り立つ可能性の背景条件を単に所与と仮定し、その背景条件からは切り離して、資本主義の経済論理を提示した。ところが、資本がどこから来たのかという問いについては、全体的なバックストーリーが明らかになっている。土地や財産の剝奪と収奪という、かなり暴力的な話である。さらに、政治理論家のローザ・ルクセンブルクからデヴィッド・ハーヴェイまでが強く主張したように、そのバックストーリーは、過去の物語として資本主義の〝本源〟だけに見出せるわけではない。[6]非公式ではあるが、収奪は現在も進行中の蓄積のメカニズムであり、搾取という公式メカニズム、いわゆるマルクスの〝フロントストーリー〟とともにいまも続いている。

搾取というフロントストーリーから収奪というバックストーリーへの移行は、大きな認識論的転換を引き起こし、これに先立つすべての議論に異なる光を投げかける。これは、マルクスが『資本論』第一巻の最初のほうで見せた移行に似ている。その箇所でマルクスは私たちに、市場交換という分野を離れ、市場交換に関連するブルジョア的な常識の視点を捨てるように促し、より批判的な視点をもたらす生産の秘められた場所へと私たちを誘《いざな》う。この最初の移行の結果、私たちは厄介な事実を知ることになる。すなわち、蓄積は搾取から生まれる。言い換えれば、市場の視点とは違って、資本は等価交換によって拡大するのではない。まさしくその逆によって、つまり労働時間の賃金の一部を労働者に支払わないという、不等価交換によって拡大するのだ。

同じように、『資本論』第一巻の終盤で搾取から収奪へと視点を移すとき、私たちはさらに厄介な事実を発見する。それは、賃金労働という昇華された強制の背後に、あからさまな暴力と歴然たる盗みがひそんでいることだ。別の言葉で言えば、『資本論』第一巻の大部分を構成する資本主義の経済論理の長く入念な説明は、最終的な結論ではない。そのあとに、土地や財産の剝奪という別の視点に移行している。〝秘められた場所〟の背後へと視点を移すことは、歴史へと視点を移すことでもある。私が、搾取を成り立たせる可能性の背景条件と呼んできたものへの移行だ。

とはいえ、搾取から収奪という、さらに秘められた場所への認識論的転換が持つ意味を、マルクスが完全には明らかにしなかったことは間違いない。また、同じように重大な別の認識論的転換についても、資本主義の説明のなかで示唆したものの理論化してはいない。さらに秘められた場所へと移行するためには、その移行を概念化するとともに、「原始的」蓄積が持つ意味も完全に概念化する必要がある。これらの問題については、『資本論』の新たな巻を執筆しなければならない。二一世紀の資本主義について十分な理解を深めたい、と望むならば。

## †商品生産から社会的再生産へ

重要な認識論的転換の第一は、生産から社会的再生産への移行だ。社会的再生産とは、人間を産み育て、社会的つながりを築いて維持するために必要な生活基盤の提供、ケア労働（家事や子育てなど）、相互作用のかたちを指す。「ケア」「情動労働（自分の感情をコントロールし、相手に合わせた態度や言葉遣いが求められる労働。肉体労働、頭脳労働に次ぐ第三の労働形態とされる）」「主体化（＝従属化）」などの多様な呼び方を持つこの活動は、資本主義の人間的主体を形成し、肉体を持つ自然的存在として維持するとともに、社会的存在として構成する。そして、活動の基盤となるハビトゥス（経験によって形成され、認識や行為を方向づける性向）や、社会倫理的実体である「人倫（ジットリヒカイト）」を構築する。

ここで中心となるのは、子を産み、幼い者の社会性を育み、コミュニティを築くととももに、意味の共有、情緒的性向、価値の広がりを生産し再生産して、社会的協調の基盤をかたちづくることだ。資本主義社会において、すべてではないにせよ、これらの活動の大部分は市場の外に位置する家庭や地域社会、そして学校や保育所を含むさまざまな公的機関が頼りだ。しかも、すべてではないにせよ、その大部分は賃金労働ではない。それでも、社会的再生産の活動は、賃金労働の存続のために、剰余価値の蓄積のために、資本主義の機能そのもののために欠かせない。賃金労働を成り立たせるためには、家事、子育て、学校、愛情のこもったケア、それ以外にもたくさんの活動が不可欠だ。そのような活動があって初めて、次世代の労働者を生み出し、いまの世代を賦活し、社会的つながりと共通の理解を保つことができる。したがって、「本源的蓄積」と同じように、社会的再生産は商品生産の欠かせない背景条件である。

さらに言えば、商品生産と社会的再生産との分離は、資本主義の構造的中心を成す。それどころか、二つの分離を生み出したのは資本主義だ。多くのフェミニスト理論家が訴えてきたように、その区分はジェンダー化され、生産は男性と、再生産は女性と結びついた。歴史的に見て、「生産」は賃金労働、「再生産」は無償労働という割り当ては、女性の従属という近代資本主義のかたちを支えてきた。

所有者と労働者の分離と同様に、生産と再生産の分離についても、その根源にあるのは資本主義以前の世界の解体だ。そのとき、粉々に壊れた元の世界では、男女の仕事ははっきりと区別されていたにもかかわらず、なお女性の仕事は世間の目にも明らかで公的に認められ、社会の不可欠な部分を担っていた。対照的に、資本主義社会では再生産労働は切り離されて、家庭という「私的」な領域に追いやられる。そこでは、再生産労働の社会的な重要性は曖昧だ。そして、貨幣こそおもな権力の手段であるこの新しい世界においては、無償ないし低賃金の労働者は、賃金を稼ぐ「生産」者に構造的に従属することが決定的な事実となる。「再生産」という仕事もまた、賃金労働を成り立たせる必須条件であるにもかかわらず、従属という関係が確実な事実になってしまうのだ。

そういうわけで、生産と再生産の分離は普遍的どころか、歴史のなかで資本主義とともに生じた。とはいえ、その分離は生じたあとも、つねに同じかたちを保ち続けるわけではない。それどころか、長い時間をかけて変化し、資本主義の異なる発展段階ごとに異なるかたちをとってきた。二〇世紀には、社会的再生産の側面のいくつかは、公共サービスや公共財へとかたちを変えるか脱民営化されることはあっても、商品化されることはなかった。今日、そのかたちは再び変化している。新自由主義が、それらのサービスを改めて民営化し商品化するとともに、社会的再生産のほかの側面を初めて商品化しているからだ。

さらに現在の資本主義のかたちは、公的支援の削減を要求するとともに、多くの女性を低賃金のサービス労働に勧誘することで、かつて商品生産と社会的再生産とを分離していた制度的境界の地図を描き換え、そのプロセスに伴い、ジェンダー秩序もつくり変えている。同じように重要なのは、資本が社会的再生産を補充もせずに思う存分、貪り喰えることだ。それゆえ、蓄積に不可欠な条件を資本主義の危機の大きな発火点に変えてしまうのだ。その影響については、第3章で詳しく取り上げよう。

### †エコノミーからエコロジーへ

次に考慮すべきは、私たちを別の秘められた場所へと導く、同じくらい重大な第二の認識論的転換だ。その転換が最も具体的に表れているのは、生態学的社会主義の思想家の著作だろう。彼らはいま、資本主義が自然を喰い尽くそうとしている点に焦点を当てて、別のバックストーリーを執筆している。その物語は、ローザ・ルクセンブルクが「領土獲得（ラントナーメ）」と呼んだ、資本による自然の併合についての物語だ。

このとき、自然は生産の「投入物」の供給源であるとともに、生産の廃棄物を吸収する「掃き溜め（シンク）」となる。ここでの自然は資本の源泉となり、価値はあるが支払う価値はない対象とされる。資本の勘定書ではただとして扱われ、無料ないし安価に私物化される。自然には無限の自己回復能力があるという暗黙の了解のせいで、元通りにされず補充もされない。そのため、生命を支え、みずからを再生する地球の能力もまた、商品生産と資本蓄積に必要な背景条件であり、資本主義が喰い尽くそうとする対象の一つとなる。

資本主義は、自然領域と経済領域との明確な区分を構造的に当然のものと捉える。自然領域は、人間が私物化するための「原材料」をいつでも無料で供給する分野とされ、いっぽうの経済領域は、人間によって人間のために生産される価値の分野とされる。実のところ、この区分は資本主義とともに始まった。

それとともに、精神的で社会文化的で歴史的な存在の人間と、物質的で客観的に与えられ、歴史とは無関係な（人間抜きの）自然という既存の区別はより強固になる。この区別がいっそう明確になったのも、資本主義以前の社会の解体と関係がある。資本主義に先立つ世界では、社会生活のリズムは多くの点で自然のリズムと呼応していた。資本主義は人間を自然や四季のリズムから強引に引き離し、化石燃料を動力源とする工業生産や、化学肥料で作物を肥大させる利潤追求型の農業に無理やり従事させた。マルクスが「物質代謝の亀裂」（物質代謝とは自然と人間の循環を指す。ここでは特に、資本が資源を収奪したり、人間に長時間労働を課したりすることで、両者の循環に修復不可能な亀裂を生むこと）と呼んだ概念を導入することで、資本主義は「人新世」という、誤解を招きかねない名前で呼ばれる時代を開始した。人新世とは、「人間の活動」（実際は資本）が地球を喰い尽くそうとする、地質学上のまったく新しい時代区分のことである。[7]

資本主義とともに生じた人間と自然との分離もまた、資本主義が発展する過程で変化した。現在の新自由主義の段階では、水の商品化などに見られる新たな囲い込みが始まり、今回は（この表現を適切とするならば）「自然のさらなる部分」を、経済の前景に持ち込んだ。それと同時に新自由主義が約束するのは、自然と人間との曖昧な境界だ。新たな生殖技術と、現在進行形のサイボーグの進化である。[8] だが、これらの進化によって自然との「調和」がもたらされるどころか、資本はますます自然を貪り喰う。マルクスが論じた土地の囲い込みは、目の前の自然現象を〝単に〟市場化しただけだった。ところが、新しい囲い込みは自然の〝奥〟深くにまで侵入し、自然内部の文法を変えてしまう。

最後に、新自由主義は環境主義を市場化している。温室効果ガス排出権取引、カーボン・オフセット、「環境デリバティブ」の活発な取引を考えてみればいい。化石燃料による持続不可能な生活形式を変えるには、長期にわたる莫大な投資が必要だが、これらの取引のために資本は投資にまわらなくなってしまう。いまなお残る生態学的コモンズに対するこのような攻撃は、資本蓄積を成り立たせる自然条件を、資本主義の危機が生じる中心的な結節点の一つへと変えつつある。詳しくは第４章で述べることとしよう。

## †経済的なものから政治的なものへ

さて、第三の大きな認識論的転換である、資本主義を成り立たせる可能性の政治的条件について考えよう。資本主義は構成規範の確立と実施を、公的権力に依存している。つまるところ、企業と市場交換を支える法的な枠組みなしには、資本主義は成立しえない。その前景は、財産権を保障し、契約を履行させ、紛争を裁定し、反資本主義を掲げる反乱を鎮圧して、資本の血液であるマネーサプライを維持する公的権力に大きく依存している。

歴史的に言って、公的権力はたいてい領域国家に存在してきた。そのなかには、宗主国や帝国主義列強といった国境を超えて影響力を及ぼす国家も含まれる。政治の影響が取り除かれたように見える舞台の輪郭を確立したのは、そのような国家の法制度だった。その舞台のなかで、私的行為者はあからさまな「政治的」干渉を受けることなく、縁故採用の義務もなしに「経済的」利益を追求できた。同じように、資本主義の所有関係をつくり出して維持する収奪に対して抵抗運動が起きたときに、「合法的な軍事力」を動員して抵抗運動を鎮圧したのも領域国家だった。さらに、貨幣を国有化して保証したのも国家である[9]。歴史的に見れば、資本主義経済を「組成した」のは国家だと言って差し支えないだろう。

ここで、また別の構造的分離が浮かび上がる。資本主義社会の構成要素である経済と政体との分離だ。この分離に伴うのが、私的権力と公的権力との、経済的強制と政治的強制との制度的な分化である。先に述べた分離と同じように、経済と政体の分離もまた資本主義以前の世界が解体されて生じた。この場合に解体されたのは、経済権力と政治権力とが事実上、融合していた社会だ。たとえば封建社会では、労働、土地、兵力に対する支配は、封建領主と封臣という単一の制度に与えられていた。ところが、政治理論家のエレン・メイクシンズ・ウッドが的確に指摘したように、資本主義社会では経済権力と政治権力とは切り離され、それぞれに領域や手段、運営方法が割り当てられている。[10]

　とはいえ、資本主義のフロントストーリーには、資本主義を成り立たせる可能性の地政学レベルでの政治的条件もある。ここで問題となるのは、領域国家がその一員である、より広い空間の組織化だ。資本が持つ拡張主義的な推力を考えれば、資本はそのなかできわめて簡単に移動する。ところが、国境を超えて作用する資本の能力は、国際法、列強どうしの取り決め、超国家的な体制に左右され、自然状態と想定されがちな領域において、（資本に都合のいい方法で）ある程度は平和な状態を保つ。その歴史を通して、資本主義のフロントストーリーは、グローバルな覇権国家の存続に必要な軍事力と組織力の上に成り立ってきた。ブローデル派の歴史社会学者ジョヴァンニ・アリギが論じたように、グローバルな覇権国家は多国家システムの枠組みのなかで、資本蓄積の着実な拡大を図ってきたのだ。[11]

ここで、資本主義社会を構成するさらに別の構造的な分離を目にする。一つは、「ウェストファリア体制」（三〇年戦争の講和条約（一六四八年締結）後に確立した、主権国家の形態と国際法の原則）による、「国内的なもの」と「国際的なもの」との分離を指し、もう一つは帝国主義による中核と周辺との分離を指す。そのどちらも、前提にあるのはより根本的な分離だ――「世界システム」として編成されるグローバル化の進む資本主義経済と、国際的システムとして編成される領域国家の政治世界との分離である。詳しくは第5章で取り上げるが、これらの分離も変容しつつある。国家レベルと地政学レベルで資本が歴史的に依存してきた政治能力を、新自由主義が貪り喰っているためだ。その結果、〝政治的な要素〟もまた、資本主義システムの危機が生じる中心的な結節点へと変わってしまう。

## †搾取から収奪へ

最後に、これまでの思考を刺激した原点に戻るべきだろう。すなわち、資本蓄積を成り立たせる歴史的条件である本源的蓄積について述べた、マルクス自身の説明だ。その説明を、新たな考えの前に廃れた、未熟な思考の証左として捉えようとするのではない。むしろ、今日の資本主義の現在進行形の特徴として捉え直すのだ。そうすることで、「秘められた場所の背後にひそむ秘められた場所」を、そしてまた資本主義社会システムにとって構造的に必要な作用を概念化できる。ここで秘められた必要な作用とは、収奪のことである。被征服民やマイノリティの富を継続的に、強制的に奪い取る行為だ。収奪はたいてい、資本主義に特有の搾取というプロセスの対立物とみなされるが、搾取を成り立たせる条件として捉え直したほうがいい。

その理由は、搾取と収奪もただ方法が異なるだけで、どちらも蓄積に欠かせないからだ。自由な契約の交換と称して、搾取は価値を資本に移転する。労働力の見返りとして、労働者は生活費用を賄う(とされる)賃金を受け取る。いっぽうの資本は「剰余労働時間」を私物化し、少なくとも「必要労働時間」分は支払う(ことになっている)。その反対に、収奪では、資本家はそのような慎ましさはかなぐり捨て、ほとんど、あるいはまったく支払いもせずに他者の資産を暴力的に取り上げる。奪い取った労働か土地、鉱物、エネルギー、あるいはそのすべてを事業につぎ込んで生産費用を引き下げ、利潤の引き上げを狙う。このように搾取と収奪は排除し合うどころか、手と手を取り合って作用する。

二重の意味で自由な労働者は、略奪した「原材料」を、没収したエネルギー源で作動する機械を使って変える。彼らの賃金はいっこうに上がらない。その理由は、労働者が食べるものは、資本が剝奪した土地で債務労働者が育てたものだからだ。労働者が買う生活必需品は、自由でないか従属する「他者」が、ブラック工場で生産したものだからだ。「他者」自体の再生産費用も、まともに支払われない。このように収奪は搾取の根底にある。搾取が利益を出せるのも収奪のおかげだ。資本主義システムの初期だけの特徴どころか、収奪も搾取と同じように、本質的かつ構造的に資本主義社会に組み込まれている。

さらに、搾取と収奪の区別は身分のヒエラルキーに合致する。搾取可能な「労働者」は、権利を有する個人であり市民という身分を与えられている。国の保護を受ける権利を持ち、自分の労働力を自由に決めることが可能だ。いっぽうの収奪可能な「他者」は自由ではなく、従属することでしか生きていけない。政治的な保護を受けられず、身を守るすべもなく、生まれながらに踏みにじられやすい。このように、資本主義社会は生産階級を明確に異なる二つのカテゴリーに分けた。一つは〝ただ単に〟搾取に適した労働者であり、もう一つは暴力的に収奪される運命の労働者だ。その区分が示すのは、資本主義社会で制度化されたもう一つのフォルトライン（断層線）だ——すでに論じたように、その断層線は生産と再生産、社会と自然、そして経済と政体の場合と同じように、本質的かつ構造的に確立している。

つけ加えれば、その三つの分離と同じように搾取と収奪の区分も、資本主義社会に特有の支配のかたちである、帝国主義による人種的抑圧をさらに強固なものとする。これについては次章で詳しく述べるが、資本主義社会において政治的保護を拒否され、繰り返し侵害されてきたのは、人種差別される人々が圧倒的に多い。たとえば奴隷、植民地の住民、征服された「先住民」、債務労働者、「不法移民」、重罪人、アパルトヘイト政策によって隔離された人々とその子孫たち。これだけ言えば十分だろう。彼らはみな収奪の対象だ。しかも一度きりではない。(市民、すなわち労働者になった者たちと違って) その後も繰り返し収奪される。このため、搾取と収奪の区分は、グローバルな「カラーライン (肌の色の境界線)」におおよそ、だが間違いなく合致する。断層線はさまざまな構造的不正義を意味し、そのなかには特定の人種に対する抑圧、(新旧の) 帝国主義、現地の住民の富の剝奪、集団虐殺も含まれる。

そしてそこには、資本主義社会を構成する別の構造的分離が存在する。その分離も歴史の変化を受け、資本の共喰いを支える基盤として機能する。それは、本書ですでに概念化したほかの分離と、そしていま、それらの分離に伴う危機と深く絡み合っている。中核と周辺において、危機の政治的、生態学的、社会的再生産的な構成要素と人種的な収奪とが、切っても切り離せない関係にあることは間違いない。資本は、国境の内外を問わず政治権力に依存しなければ、盗んだ土地、強制労働、略奪した鉱物とその権利を手に入れることはできない。資本は、有毒廃棄物を処分する場として、低賃金のケア労働の供給源として、人種差別の対象となる領域に依存している。資本は政治的危機を和らげ、排除し、あるいは煽動するために、身分の違いや人種間のネガティブな感情に訴える。つまるところ、経済的、生態学的、社会的、政治的危機は、帝国主義や人種的抑圧と密接に絡み合い、その二つに伴ってエスカレートする敵意とも深く結びついている。

## †資本主義は経済よりも大きい何ものかである

一つ一つのポイントについては、もっと多くのことが言える。そして実際、本書のなかで詳しく取り上げていくが、議論の要点はすでに明らかだろう。資本主義に関する初期の説明として、ここまで資本主義の前景となる経済的な特徴が、非経済的な背景条件の上に成り立つことを示してきた。すなわち、私的所有、〝自己〟増殖する価値の蓄積、社会的余剰と商品生産のおもな投入物——これには（二重の意味での）自由な労働も含まれる——の市場配分を特徴とする経済システムは、次の四つの重要な背景条件によって可能となる。四つとはそれぞれ、人種差別される人々から収奪した富の現在進行形の注入、社会的再生産、地球のエコロジー、政治権力だ。したがって、資本主義を理解するためには、マルクスのフロントストーリーをその四つのバックストーリーと関連させて、改めて位置づける必要がある。マルクス主義者の視点を、解放を目指すほかの領域——すなわち反帝国主義、反人種差別、フェミニズム、エコロジー、政治――の批判理論化という潮流と結びつけなければならない。

それならば、資本主義とはいったいどんな野獣なのだろうか。私がこれまで入念に描き出してきた姿は、資本主義とは経済システムであるというお馴染みの考えとは大きく異なる。一見したところ、中心的な特徴はなるほど〝経済的なもの〟に見えるかもしれない。だが、その見た目は誤解を招く。資本主義の特異性の一つは、構造的な社会的関係を、あたかも経済的関係であるかのように扱うことだ。実際、すぐに気づいたのは、そのような「経済システム」を存立させる〝非経済的な〟背景条件について議論する必要性だった。それらは、資本主義経済の特徴ではなく資本主義社会の特徴なのだ。この点を全体像から消し去るのではなく、資本主義とは何かという理解に組み込まなければならない。それは、資本主義を経済よりも、もっと大きなシステムとして概念化することを意味する。

同じように、私が本章で描いてきた構図は、「資本主義を、蔓延する商品化と貨幣化を特徴とする、倫理的生活の物象化したかたちと捉える」考え方とも異なる〔「物象化」とは、人やその行動、あるいは人間どうしの関係や状況などが、あたかも物であるかのように立ち現れる事態のこと〕。哲学者のゲオルク・ルカーチが「物象化とプロレタリアートの意識」と題するすぐれた論文で明らかにしたように、その考え方では、商品形態は生活のすべてを植民地化し、法、科学、道徳、芸術、文化の幅広い現象に商品化の刻印を押している。[12]だが、私の考えでは商品化は資本主義社会に普遍的な現象ではない。それどころか、商品化が存在するところでは、商品化はみずからの存立のために、商品化されていない領域に依存し、資本はその領域を体系的に共喰いする。

社会的、生態学的、あるいは政治的にせよ、商品化されていないどの領域も、商品の論理を単純に反映しているわけではない。それぞれが、特有の規範的および存在論的な文法を具現化している。たとえば（生産ではなく）再生産を重視する社会的慣行は、ケア、相互責任、連帯の考えを生み出す傾向がある。[13]同じように、経済ではなく政治を重視する社会的慣行の場合、民主主義、公的自治、集団的自己決定の原則を重視する傾向が強い。また、資本主義を成立させる自然の背景条件と関係の深い社会的慣行は、生態学的スチュワードシップ（管理）や自然支配の否定、世代間の正義といった価値観を育みやすい。最後に、収奪と――もっと言えば収奪の抵抗運動と――関係の深い社会的慣行は、いっぽうでは統合の価値観を、もういっぽうではコミュニティによる自治の価値観を育む傾向がある。

確かにこれらの「非経済的」な規範性は、視野が狭くヒエラルキー的で（再生産の場合）、限定的あるいは排他的で（政体の場合）、理想主義的かつ近視眼的で（人間抜きの自然の場合）、階級には無関心で物象的（収奪の場合）に見えやすい。そのため「非経済的」な規範性は理想化されるべきではない。それでもなお重要なのは、資本主義の前景と結びついた価値、それも特に成長、効率、等価交換、個人の選択、消極的自由、能力主義的な出世といった価値との相違に目を留めることだ。

この相違によって、資本主義をどう概念化するかが大きく変わってくる。資本主義社会は広く普及する単一の物象化論理を生み出すどころか、規範的に差異化され、それぞれ明確に異なるが相互に関連し合う、多くの社会的存在論を生み出す。それらが衝突するとき、何が起こるかはまだわからない。だが、基盤にある構造はすでに明らかだ。資本主義に特有の規範的トポグラフィーは、本書で突き止めた前景と背景との関係から生じる。その批判理論を展開するつもりならば、資本主義を倫理的生活の物象化と捉える考え方を捨て、もっと差異化した構造的な視点から、資本主義を捉えなければならない。

## †制度化された社会秩序

もし資本主義が経済システムではなく、倫理的生活の物象化でもないとするならば、いったい何だろうか。たとえば封建制度と同じような「制度化された社会秩序」と捉えるのが適切だ、というのが私の答えである。資本主義をそのように理解すると、構造的な分離が、それも特に本書で突き止めてきた制度的な分離が浮かび上がる。

先に述べたように、資本主義において本質的なのは、「経済的生産」と「社会的再生産」を制度的に切り離したことだ。このジェンダー化された分離の上に、男性支配という資本主義に特有の形態が成り立つ。それと同時に労働力の搾取も可能とし、その搾取を通して、公的に認められた蓄積の様式も可能となる。そしてまた、資本主義において決定的なのは「経済」と「政体」とを制度的に切り離したことだ——この分離によって、経済と定義される物事を領域国家の政治議題から駆逐し、これによって解き放たれた資本は、国境を越えた中間地帯を自由にさまよい、政治的支配を逃れ、ヘゲモニーが生み出す秩序の利益を刈り取る。資本主義にとって根本的なのは、(人間抜きの)「自然」の背景と(外見上は自然ではない)「人間」の前景との存在論的な——新しい現象ではないものの著しく強化された——分離だ。最後に、同じくらい本質的なのは搾取と収奪との分離である。この分離によって資本主義の(二重の意味で)自由で公的な労働者階級と、権利を否認され、人種差別される「他者」とが誕生した。

このような分離を前提に、資本主義を「制度化された社会秩序」として語ることは、資本主義の人種的抑圧と帝国主義的抑圧、ジェンダー支配、自然環境の破壊、政治的支配の非偶然的で構造的な重なりを示すことだ——もちろん、すべては(二重の意味で)自由な労働者の搾取という、同じように非偶然的で構造的な前景の原動力と結びついている。

## †境界闘争

だからと言って、資本主義の制度的な分離は一度起これればそれで終わり、というわけではない。それどころか、すでに見てきたように、生産と再生産、経済と政体、人間と自然、搾取と収奪とのあいだのどこに、どのように資本主義社会が具体的に線を引くのかは、蓄積の体制に応じて歴史的に変化する。実際、重商資本主義、リベラルな植民地資本主義、国家管理型独占資本主義、グローバル化する新自由主義資本主義を、まさしくこれらの観点で概念化できる。歴史的に特有なこの四つの体制が、資本主義を構成するさまざまな領域の境界線を引いてきたのだ。

同じように重要なのは、いつの時代でもどの場所においても、資本主義秩序の詳細な構図が論点に応じて異なることだ――それは、社会権力の均衡や政治闘争の結果に左右される。資本主義の制度的分離は単に所与のものどころか、論議の的となりやすい。そして行為者は集結し、政体から経済を、再生産から生産を、自然から人間を、収奪から搾取を分離する既定の境界線に異議を唱えるか、境界線を守ろうとする。彼らが議論のプロセスを、資本主義システムの制度的地図に再配置しようとする限りにおいて、資本主義の主体は、私たちが突き止めた幅広い領域と結びついた規範的視点を利用する。

今日、私たちは次のような状況を目撃している。たとえば、新自由主義の反対者が教育の商品化に異議を唱えて、再生産に伴うケアや責任の理想を引き合いに出す姿だ。再生可能エネルギーへの転換を促す者が、エコロジーと関連する自然のスチュワードシップと世代間の正義の考えを持ち出す姿だ。国際資本の管理を支持し、民主的な説明責任の国境を超えた拡大を訴える者は、政体と結びついた公的自治の理想を例に挙げる。そして、刑務所と警察予算の廃止を主張する者が引用するのは、収奪に対する抵抗と結びついた統合の規範とコミュニティによる自治である。このような主張とそれが必然的に招く反論は、資本主義社会の社会闘争にほかならない――これはマルクスが優先的に扱った、商品生産の管理と剰余価値の分配をめぐる階級闘争と同じくらい根本的な闘いである。私はこれらを、境界闘争と呼ぶ。境界闘争は、資本主義社会の構造を決定的にかたちづくる。[14] 資本主義を「制度化された社会秩序」と捉える視点に、境界闘争は本質的な影響を及ぼす。

境界闘争に焦点を置くことで、これまで描いてきた私の考えが機能主義者の考えだという間違った印象を、いまのうちに正しておかなければならない。私が描き出したいのは、それぞれの事例がどのように資本主義システムを支えるのかということではない。

私が本章の冒頭で、社会的再生産、エコロジー、政治権力、収奪を、資本主義経済のフロントストーリーに不可欠な背景条件として描き、商品生産、労働搾取、資本蓄積に対して背景条件が果たす機能を強調したことは間違いない。だが、その段階では、資本主義の前景と背景の全体的な関係性を捉え切れていない。むしろすでに示唆したように、そうした局面は、同じように中心を成し、社会的、政治的、生態学的、さらに周辺化され収奪された領域を、「非経済的」な規範性の供給源と捉えることで生じる局面と共存する。それが意味するところは、「非経済的」な秩序によって商品生産が可能になるとしても、だからといってそうした秩序を商品生産を可能とする機能に還元できない、ということだ。秘められた場所の一つ一つは、蓄積の力学によって使い尽くされたり、その力学に完全に従属することはない。それどころか、それらは特有の社会的慣行と規範的理想をめぐる存在論を内包している。

さらに、「非経済的」な理想は批判政治的な可能性をはらんでいる。とりわけ危機の時代には、資本蓄積と結びついた中核的な経済慣行が、「非経済的」な理想に背くことがある。そのようなときには、みずからの制度領域の内部にあって、普段はさまざまな規範性を隔離する役に立っている構造的分離が弱まる傾向にある。その分離がうまく維持できないと、どのみち複数の領域で生きている資本主義の主体は、規範の衝突を経験する。彼らは「外部の」考えを持ち込むどころか、資本主義自体の複雑な規範性を持ち出して資本主義を批判し、前景と背景の分離を前提とする「制度化された社会秩序」のなかで、ときにぎこちなく共存する多様な理想を、釈然としないままに寄せ集める。そのため、資本主義を「制度化された社会秩序」として捉えれば、内部からの資本主義批判がどのように可能かが理解しやすくなる。

## †「外部」という幻想

そのうえ、こうした捉え方はまた別のことも示唆する。社会、政体、自然、周辺を資本主義の「外部の」ものとして、本質的に資本主義に対立するものとして夢想的に解釈するのは間違いだという点である。今日、そのような夢想的な考えを抱く反資本主義の思想家や左派の活動家は少なくない。そのなかには、カルチュラル・フェミニスト〔男女の差異を認めて、女性的な要素を再評価する立場〕や、ディープエコロジー〔人間の利益のためではなく、生命の固有価値を尊重して環境保護を訴える思想〕の支持者、新無政府主義者、脱植民地主義者も含まれる。さらには「複合」経済、「ポスト成長」経済、「自給自足」経済、「社会的連帯」経済の多くの擁護者も含まれるだろう。これらの思潮はたいてい、「ケア」「自然」「直接行動」「コモンズ化」「〔新しい〕コミュナリズム」〔コミュニティや共有を基盤とした社会システム〕を、本質的に反資本主義的なものと捉える。その結果、彼らは自分が熱心に実践している運動や思想が批判の源泉であるだけでなく、資本主義秩序にとって不可欠な要素だという事実を見落としてしまう。

これに対し、私の考えでは、社会、政体、自然、収奪可能な周辺は、経済とともに発生し、経済と共生しながら発達してきた。社会は事実上、〝非〟経済的なものであり、経済と対照を成すことによってのみ特徴を獲得する。したがって、生産と再生産は対を成し、どちらの言葉も他方によって定義され、切り離してはいかなる意味もなさない。

同じ関係は経済と政体、人間と自然、中核と周辺という対を成す言葉どうしでも成り立つ。資本主義秩序の本質的な部分である「非経済的」領域はどれも、絶対的な外部の視点を確保できず、完全に純粋で、完璧にラディカルな批判のかたちを保証できない。それどころか、資本主義の「外部」だと想像されるものに訴える政治的プロジェクトは、たいてい資本主義のステレオタイプの再利用にすぎない。そして、男性の攻撃性に女性の慈しみを対置する。経済的計算に自発的協力を、人間中心主義の種差別〔生物どうしに対する差別や、ヒト以外の種に対する差別〕に自然の全体論的な有機性を、西洋の個人主義に自給自足的なコミュナリズムを対置する。闘争の前提にそのような対置を据えることは、資本主義社会の「制度化された社会秩序」に疑問を投げかけることではなく、無意識のうちにその社会秩序を反映することである。

以上から、資本主義の前景と背景との関係に対する適切な説明には、次の三つの明確な考えが組み合わさっていなければならない。第一に、資本主義の「非経済的」領域は資本主義経済の背景条件であること。資本主義経済は、「非経済的」領域の価値と投入物の上に成り立つ。とはいえ、第二に、資本主義の「非経済的」領域は、それ自体が重要性と特徴を持ち、特定の状況下で反資本主義闘争に資源を提供しうること。それでも――そしてこれが第三のポイントだが――「非経済的」領域は、資本主義社会の本質的な部分を成し、歴史的に経済と協力し合って資本主義の構成要素となり、経済と共生関係にあるという特徴を持つことだ。

## †飽くなき共喰いの危機

さらに第四の考えもある。その考えによって、本章で私が始めた危機の問題に立ち返ることになる。資本主義の前景と背景との関係は、社会を不安定にする原因を組み込んでいる。先に見たように、資本主義の生産はそれ自体では成り立たず、社会的再生産や自然、政治権力、収奪にただ乗りしている。そのうえ、際限なき蓄積を目指す資本主義は、みずからを成り立たせる可能性の条件を不安定にしやすい。

生態学的条件の場合にリスクにさらされるのは自然のプロセスだ。そのプロセスがなければ、生命も維持できず、社会的支給に必要な投入物も供給できない。社会的再生産の条件の場合に危ぶまれるのは、社会文化的プロセスだ。そのプロセスがなければ、社会的協調を支える連帯関係も情緒的性向も、価値の広がりも供給できない。そしてまた、適切に社会化され、すぐれた技術を備えた「労働者」となる人間も供給できない。政治的条件の場合に危機に陥るのは、国家レベルと国際レベルの公的権力だ。財産権を保障し、契約を履行させ、紛争を裁定し、反資本主義を掲げる反乱を鎮圧し、マネーサプライを維持するためには公的権力が必要だ。そして、資本主義が収奪された富の上に成り立つことについて言えば、危機に瀕するのは資本主義システムの自称・普遍主義――それゆえ、その正当性――であり、支配階級が武力と同意とを組み合わせて発揮する覇権的《ヘゲモニック》な統治能力である。

どのケースにおいても、資本主義システムはみずからを不安定にする傾向を組み込んでいる。資本主義の秘められた場所を補充することも回復させることもなく、資本はみずからが依存する基盤を執拗に貪り喰う。己の尻尾を咥える蛇のごとく、資本主義はみずからを成り立たせる条件を、飽くなき衝動で共喰いしようとするのだ。

マルクスの言葉を借りれば、これらは四つの「資本主義の矛盾」だ。生態学的、社会的、政治的、そして人種的・帝国主義的な矛盾である。そのどれもが先の共喰いの四つの種類に対応し、「危機の傾向」を具象化している。だが、マルクスが強調した危機の傾向とは異なる点がある。それは、この危機の傾向が資本主義経済に内在する矛盾から生じるわけではないという点だ。むしろ危機の基盤にあるのは、経済システムと資本主義を成り立たせる可能性の背景条件との矛盾、すなわち生産と再生産との、社会と自然との、経済と政体との、搾取と収奪との矛盾である。[15]

すでに述べたように、こうした矛盾は、資本主義社会において幅広い社会闘争を誘発する。生産場面で生じる狭義の階級闘争だけではない。エコロジー、社会的再生産、政治権力、収奪をめぐる境界闘争も誘発される。これらの闘争は、資本主義社会に本来備わった、危機を引き起こす傾向に対応し、資本主義の概念を拡張して「制度化された社会秩序」と捉えたときに浮かび上がる。

本章で描いた概念から、どんな資本主義批判が生まれるだろうか。資本主義を「制度化された社会秩序」とみなすことについて、どのような批判があるだろうか。資本を貪欲な共喰いシステムと捉えることは、マルクスが『資本論』で展開した考えと同じように、それが多様な要素による批判的考察だということを意味する。

私が『資本論』から読み取ったのは、マルクスがシステム、規範、政治という三つの批判を編み込んだことだ。最初のシステム批判は、資本主義に本来備わった（経済）危機の傾向に対する批判だ。二つ目の規範批判は、資本主義に埋め込まれた（階級）支配の力学に対する批判である。三つ目の政治批判は、（階級）闘争の特徴的な形態に内在する、解放を目指す社会変革の可能性に対する批判である。

　本章で輪郭を描いた私の考えにも、批判的な撚り糸を同じように編み込む必要がある。だが、それぞれの撚り糸が内部で幾重にも絡まっているため、ここでの編み込みはさらに複雑なものとなる。最初のシステム危機批判について言えば、マルクスが論じた経済的矛盾だけでなく、本章で論じた領域間の四つの矛盾も含まれる。社会的再生産、エコロジー、政治権力、いまも進行中の収奪という四つを危険に陥れることで、領域間の矛盾は、資本蓄積に不可欠な背景条件を不安定にする。同じように、二つ目の支配（規範）批判が包含するのは、マルクスが分析した（生産中心の）階級支配のかたちに限らない。ジェンダー支配、自然支配、政治的支配、人種的・帝国主義的な支配のかたちも含まれる。最後の政治批判が包含するのは、多様な行為者――階級、ジェンダー、地位集団、「人種」、国民、民衆――と多様な方向性を持つ闘争だ。階級闘争だけの話ではない。社会、自然、政治、収奪可能な周辺という四つの領域と、「経済」との切り離しをめぐる境界闘争も含まれる。

　したがって、反資本主義闘争とみなされるものは、マルクス主義者が伝統的に想定してきた範囲よりもはるかに広い。フロントストーリーからバックストーリーへと視線を移すとすぐに、労働搾取に欠かせないあらゆる背景条件が、資本主義社会の紛争の焦点として現れてくる――生産場面の労働と資本の闘争に限らない。ジェンダー支配、エコロジー、人種差別、帝国主義、民主主義をめぐる境界闘争もそうだ。

だが同じくらい重要なのは、境界闘争がいま、新たな光のなかに浮かび上がってきていることだ。資本主義のなかの闘争、資本主義をめぐる闘争、そして（一部のケースにおいて）資本主義そのものに対する闘争である。闘争の参加者がみずからをこれらの言葉で理解するようになれば、協力するか団結することもできるだろう。その場合、解放の可能性は、新たな構図を思い描けるかどうかにかかっている。経済の構図〝だけ〟ではない。経済と社会、自然、政体との関係の構図もまたそうだ。資本主義社会を歴史的に構成してきた構造的分離を改めて思い描くことは、解放に熱意を燃やす、二一世紀の社会的行為者と批判理論家の重要な仕事になるだろう。

その課題こそが本書の核心だ。本章で輪郭を描いた四つの秘められた場所について、次章から一つずつ順番に、入念に考察していこう。構造分析に歴史的考察と政治的理論を統合し、それぞれに特有の共喰いのかたちを明らかにしていく。最初に論じるのは、搾取と収奪の分離という資本主義の人種的・帝国主義的力学についてだ。資本主義は大喰らいの飢えを満たし、何の罰も受けることなく人々の富を喰い尽くそうとする（第2章）。次に扱うのは、生産と再生産、ジェンダー化されたその力学についてであり、資本主義システムを、ケア労働を貪り喰うものとして描き出す（第3章）。続いて論じるのは、人間と自然という対立物の生態学的な捕食関係の力学についてである。その力学は、私たちが暮らす地球を、資本の貪欲な胃袋に押し込んでしまう（第4章）。さらに、公的権力を貪り喰い、民主主義を葬り去ろうとする資本主義の衝動についても取り上げよう。その衝動は、経済と政体の分離という、資本主義システムの重要な特徴に組み込まれている（第5章）。

第6章と終章では、資本主義を共喰いシステムとして捉え直すことによって、実際にどんな相違が生まれるのかについて探っていく。その考え方は、社会主義に対する私たちの理解をどう変えるのだろうか（第6章）。そして、新型コロナウイルス感染症に対する理解をどう変えるのか（終章）。

第2章

# 飽くなき食欲

## ——なぜ資本主義は構造的に人種差別的なのか

## †現存する人種的抑圧

資本主義は、いつの時代も特定の人種に対する不当な扱いと密接な関係にあった。この考えが、奴隷制度に基づくプランテーションが栄えた、一七—一九世紀の資本主義に当てはまることは間違いない。だが同じことは、二〇世紀の産業化時代に黒人を労働力として利用した資本主義についても言える。そしてまた、産業が衰退し、サブプライム問題で疲弊し、大規模なロックダウンを余儀なくされた現代の資本主義において、人種的抑圧がいまなお続いていることを、まともに疑う者は誰もいないはずだ。時代によって明確な違いがあるにもかかわらず、「これまで実際に存在してきた」資本主義のうち、人種差別と無縁だったかたちはない。これまでに現れたどのかたちにおいても、資本主義社会と人種的抑圧は深く結びついてきた。

それは、どんな種類の関係なのか。偶然的なものか、構造的なものか。資本主義と人種差別との結びつきはたまたま生じたものでしかなく、ひょっとしたら違う発展を遂げていた可能性はあるのか。それとも、資本主義は最初から人々を人種別に分類するシステムなのか。いまの時代はどうだろうか。人種差別は、現代の資本主義にも最初から組み込まれているのか。それとも、二一世紀にはようやく人種差別なき資本主義が実現するのだろうか。

これらは決して新しい問いではない。それどころか、深淵だが正しく評価されていない、「ブラック・マルクス主義」という批判理論化の潮流の中心を成す。この伝統は一九三〇年代から八〇年代にかけて盛んになり、錚々《そうそう》たる顔ぶれが議論に参加した。作家のC・L・R・ジェイムズ、社会学者のW・E・B・デュボイス、政治家のエリック・ウィリアムズ、社会学者のオリバー・クロムウェル・コックス、文化理論家のスチュアート・ホール、歴史家のウォルター・ロドニー、活動家のアンジェラ・デイヴィス、歴史家のマニング・マラブル、同じく歴史家のバーバラ・フィールズやロビン・D・G・ケリー、哲学者のコーネル・ウェストなど、誰もがすぐれた知性の持ち主である。[1] 一人一人のアプローチは細かな点では異なるものの、みな資本主義と人種差別の関係に深く取り組んだ。彼らの考察は、少なくとも一九八〇年代を通して、多くの者がいま批判的人種理論と呼ぶ考えの最前線にあった。[2]

だがその後、資本主義と人種とのもつれた関係という論点は、批判理論的な議題から抜け落ちてしまった。ニューレフトの急進主義が衰え、目の前の共産主義体制が崩壊すると、資本主義はあちこちの分野で、もはや真剣に考察するテーマとは見なされなくなり、それとともにマルクス主義はますます時代遅れの思想として退けられるようになった。その結果、人種と差別の問題を事実上譲り受けたのは、リベラルやポスト構造主義といった枠組みに拠って立つ思想家だった。彼らは主流派や批判的人種理論に大きく貢献したものの、資本主義と人種的抑圧との関係を明らかにしようとはしなかった。

だが今日、批判的人種理論家の新たな世代は、その難しい問題に新たな息吹をもたらそうとしている。政治学者のマイケル・ドーソン、地理学者のルース・ウィルソン・ギルモア、政治学者のセドリック・ジョンソン、歴史家のバーバラ・ランズビー、アフリカ系アメリカ人研究家のキアンガ＝ヤマッタ・テイラーなどの思想家だ。この世代は資本主義と人種差別との関係を、二一世紀の状況に照らし合わせて捉え直している。[3]

その理由を見つけることは難しくない。第一の理由として、いっぽうで人種差別に反対する好戦的な活動家の新たな世代が、もういっぽうでは攻撃的なエスノ・ナショナリストやオルタナ右翼、白人至上主義者といった、ポピュリズム（大衆迎合主義）の新たな世代が時を同じくして台頭したことにより、批判的人種理論への関心が劇的に高まったからである。そのため、多くの者がいま、自分が闘っている相手をより深く理解する必要を痛感するようになった。第二に、多くの者が気づいているように、この両者の台頭の背後にあるより広い文脈が、現代の資本主義社会の危機を深めており、それが人種的抑圧の特有のかたちを悪化させるとともに、いっそう明らかなものにしているからである。最後に、「資本主義」という言葉がもはやタブーではなくなり、マルクス主義がその復活を享受しているからである。

以上のような状況において、ブラック・マルクス主義の中心を占める、次のような問いが再び緊急性を帯びた。すなわち、資本主義は必然的に人種差別的なのだろうか。特定の人種に対する不当な扱いは、資本主義社会にあって克服できるのだろうか。

## †資本主義と人種差別

さて、この厄介な問題を前へ進めるために、私は前章で展開した資本主義の拡張した概念を用いる。私が提案するアプローチでは、構造と歴史、必然性と偶然性という、通常は明らかに対立するものを一括りにする。通常のアプローチでは、資本主義と人種差別とのきわめて複雑な関係が曖昧になってしまうからだ。人種差別は資本主義にとって必然ではない、と主張する偶然説の支持者と違って私が主張するのは、資本主義システムには、人種的抑圧と執拗にもつれ合ってきた構造基盤が確実に存在するということだ。すでに論じたように、その基盤にあるのは、分析的にはまったく別ものだが、実質的には深く絡み合った搾取と収奪という資本蓄積の二つのプロセスに、資本主義システムが依存していることとだ。資本主義社会において人種的抑圧を支えているのは、搾取と収奪が切り離されて、それぞれ異なる人々に割り当てられたことである。

だが、人種差別なき資本主義は考えられないと主張する必然説の支持者に対して、私が主張するのは、資本主義の搾取と収奪との結びつきはつねに一定ではないという点だ。むしろ搾取と収奪との結びつきは、資本主義の発達の歴史に伴って変化する。つまり、資本主義の発達は、「人種差別を基盤とした蓄積の、質的に異なる体制の連続」と捉えることもできる。資本主義発展の各段階において人種差別の独特のかたちを支えるのは、歴史的に特有の搾取と収奪の構図だ。その連なりを現代までたどるとき、私たちは新たな資本主義のかたちに遭遇する。その資本主義では、搾取と収奪とを切り離してきた歴史的に重要な境界線はもはや、ぼやけてしまっている。現代の資本主義のかたちは、明確に区分した二つの対象に搾取と収奪を割り当てることはなく、これまで四〇〇年にわたって引き継いできた人種的抑圧の構造基盤を消滅させているように見える。それでもやはり、人種的抑圧は厳密に必然的でも、単に偶然的でもないかたちで存続している、というのが私の考えだ。その結果、二一世紀のブラック・マルクス主義理論と、反人種差別の積極的行動主義《アクティヴィズム》にとって新たな問題が生まれる。

本章では、この主張を次の三つのステップで展開する。第一に、資本主義が搾取の必要条件である収奪の上に成り立っており、人種的抑圧の構造基盤を内包しているという主張について論じる。第二に、資本主義の歴史のおもな段階において、搾取と収奪の構図の変化を描くことで、人種的抑圧の構造を歴史的にたどっていく。そして第三に、新たなかたちの資本主義社会において、人種的抑圧を克服できる可能性を探る。現代の資本主義社会はいまなお搾取と収奪の上に成り立っているが、もはやその二つは、明確に分かれた二つの人々に割り当てられているわけではない。以上、三つのステップにおいて私が明らかにするのは、人種差別によって人々を効率よく喰い荒らすという、資本主義システムに本来備わった傾向だ。それゆえ、搾取と収奪という痛みや破壊を押しつけながら、人種差別される人々をひたすら貪り喰うシステムとして、資本主義を理解すべき理由も明らかになる。

## †交換、搾取、収奪

資本主義は必然的に人種差別的なのか。その答えは「資本主義」を具体的にどう定義するのか——そして、どの観点から考察するのか——によって異なる。次の三つの観点を考えてみる価値があるだろう。第一のアプローチは、経済学部で、おそらく経営学の授業で教わるごく常識的な考え方だ。すなわち、資本主義を市場交換のレンズを通して考える。第二のアプローチは、社会主義者、労働組合主義者、労働争議の支持者にお馴染みの方法だ。すなわち、資本主義の核心をより深いレベルに、商品生産の賃金労働の搾取に位置づける。そして、第三のアプローチは帝国主義に対する批判から生まれ、資本による被征服民の収奪にスポットライトを当てる。だが、それぞれ三つのアプローチを個別に扱うだけでは漏れてしまう要素がある。そこで本章が提案するのは、第二と第三の観点を組み合わせることで、漏れてしまった要素に——人種的抑圧に対する資本主義社会の構造基盤に——アクセスすることである。

まずは、第一のアプローチである交換の観点から見ていこう。この観点からすれば、資本主義は完全に経済システムのかたちをとる。成長と効率を最大化するために組織され、資本主義の中心に位置する市場制度では、自己の利益を求める対等な立場の取引者が等価交換を行なう。この方法で見た場合、資本主義は肌の色とはまったく無関係だ。外部から干渉されることもなく、みずからの効率化論理に従うように委ねられている限り、資本主義システムは既存の人種的ヒエラルキーを消失させ、新たな人種的ヒエラルキーの発生を阻止することになる。交換という観点に立てば、人種差別と資本主義の関連性はまったく偶然的である。

この考え方については多くのことが言えるだろうが、ここでの議論にとって重要なのは、第一のアプローチが、恣意的な定義によって資本主義と人種差別とを切り離している点だ。

資本主義とはもともと肌の色に偏見のない効用最大化論理だと狭く定義することで、交換を中心に据えたこの考え方は、人種差別に対するいかなる衝動も市場とは無関係な力であり、そのような衝動は市場の働きを歪めるものだと退ける。したがって犯人は(世間でいわれるように)資本主義ではなく、それを取り巻く、より大きな社会だとされる。人種差別は歴史、政治、文化から生まれ、そのどれも資本主義とは無関係で、資本主義とはまったく偶然的な関係しかないとみなされる。その結果、資本主義を形式化し、効率化論理の方法と目的に貶め、資本主義から、その歴史的、政治的な意味を剝ぎ取る。

この方法では、前章で詳しく説明し、本章の議論の中心である重要なポイントが、市場中心の考え方によって曖昧になってしまう。つまり、資本主義経済はその構造ゆえに〝非経済的な〟前提条件と投入物を必要とし、そのなかには人種的抑圧を引き起こす要素も含まれるというポイントだ。第一のアプローチでは、資本主義がその前提条件と投入物に依存して成り立っている点を考慮しないため、蓄積、支配、共喰いという資本主義システムに特有のメカニズムが不明瞭になってしまう。

いっぽう、資本主義のメカニズムの一部は、第二のアプローチによって明らかになる。より広く、さほど形式的ではなく、はるかに楽観的ではない第二の観点を最初に指摘したのはカール・マルクスだった。

マルクスは資本主義を搾取のシステムと捉え直した。よく知られているように、マルクスは市場交換の標準的な考えの下まで——商品生産のより根本的なレベルまで——見通した。そして、蓄積の秘密が資本による賃金労働者の搾取にあることを突き止めた、と主張した。前章で見たように、マルクスにとって資本主義時代の労働者は農奴でもなければ奴隷でもない。労働市場に自由に参加して、みずからの「労働力」を自由に売るという意味で、法的に自由な個人だ。もちろん実際には、その点について彼らの側にほとんど現実的な選択肢はない。生産手段に直接アクセスする方法を奪われたため、生活手段を確保するには、賃金と引き換えに資本家のために働く契約を結ぶほかない。その契約も労働者に有利に働くわけではない。第一のアプローチで等価交換だったものは、マルクスの考えでは巧妙なごまかしにすぎない。労働者に支払われるのは、社会的に必要とされる平均的な再生産費用だけだ。みずからの労働が生んだ剰余価値を要求する権利は、資本主義の労働者にはない。その価値は労働者ではなく、資本家の手に入る。

そして、まさしくそこにポイントがある。マルクスにとって資本主義システムの核心は搾取であり、次のような二つの階級の関係にある。一つは、社会的な生産手段を所有し、余剰を自分のものとする資本家。もう一つは、自由だが無産階級の生産者。彼らのような労働者階級は、生きるためにみずからの労働力を切り売りしなければならない。マルクスの考えでは、資本主義は単なる経済ではない。階級支配の社会システムであり、その中心を成すのは、商品生産において資本が自由労働を搾取することである。

マルクスの視点にはすぐれた点が多い。少なくとも、その一つは議論の余地がない。資本主義を搾取のレンズを通して見ることで、市場交換という第一のアプローチが曖昧にした点が、すなわち（二重の意味で）自由な労働者を別の階級が支配するという、資本主義社会の構造基盤が浮かび上がる。それでもまだ、人種的抑圧にひそむ同様の構造基盤を明らかにしてはいない。少なくともこの点において、搾取の観点は交換の観点と同様に収まりが悪い。資本が自由な賃金労働をもとに蓄積された点は明確にしながら、資本システムのなかで人種がどのように誕生し、資本主義の歴史において、それがなぜとてつもなく大きな役割を果たすのかについては、ほとんど光を当てていない。その二つの問いに取り組まない限り、資本主義システムと人種的抑圧との深い関係が偶然的なものだという印象は拭えない。

だが、そう結論づけるのはあまりに早計だろう。問題は、資本が賃金労働を搾取するプロセスに焦点を合わせすぎてしまい、搾取と密接な関係にある同じくらい根本的なプロセスについて、マルクスが全体的に考察していない点だ。よく考えると、人種的抑圧と深く結びついたプロセスが二つ思いつく。一つは、自由ではなく従属的な立場にある者の無償労働が、資本蓄積に果たす重要な役割だ。つまり、賃金契約によって直接的に支配され——搾取されるのではなく——収奪される者の労働である。そして二つ目は、〝労働者〟には自由な個人であり市民だという身分を与えたいっぽう、「他者」にはより低い身分をあてがった政治秩序の役割である。後者について言えば、たとえば奴隷、年季奉公人、植民地の住民、〝国内の従属国〟の〝先住民〟〔アメリカ先住民の部族を指す〕、債務労働者、〝不法移民〟や重罪人がこれにあたる。[4]

だが、従属労働と政治的支配という要素が視野に入ってくるのは、資本主義の第三の観点に立つときだ。すなわち収奪である。帝国主義の理論家が考え出したこの考え方は、前章で指摘したように、その枠を大きく広げて「本国」を超え、「周辺」の征服と被征服民の略奪を取り込む。グローバルな視点に立つと、近代的な資本主義の奥にひそむ野蛮な裏面が露わになる。同意と契約という一見、洗練された表面の下に、残酷な暴力とあからさまな強奪が隠されているのだ。交換と搾取に新たな光を投げかけることで、その残酷な事実がいま、さらに巨大で不吉な氷山の一角として浮かび上がる。

収奪という視点を持ち込むと、多くの秘密が暴かれることは間違いない。ところがそれほど明らかではないのは、帝国の拡大が、資本主義にとって構造的に不可欠なのかどうかという点だ。そして、もし不可欠だとすれば、従属する被征服民に対する収奪が、〔二重の意味で）自由な労働者の搾取とどんな関係にあるのか、また第三のアプローチで捉えた収奪が、人種的抑圧とどんな関係にあるのか、についての体系的な説明はない。

私の考えはこうだ。収奪は実際、資本主義社会にとって、そして人種差別との関係にとって不可欠である。あとで詳述するが、ここでかいつまんで言えば、資本が搾取する対象が自由であるための隠れた条件は、まさしく収奪する対象を支配することにある。収奪を説明することなしに、搾取を完全に理解することはできない。そしてまた、資本主義が歴史的に人種的抑圧と深く関わってきた構造基盤を、垣間見ることもできない。

この主張を詳しく説明するために、私は前章で論じた、資本主義の拡張した概念を用いる。つまり、先に描いた第二と第三の観点の要素を組み合わせる。よく知られた交換のレベルの下まで見通すことは、搾取というマルクスの「秘められた場所」と、収奪というさらに知られざる側面とを結びつけることだ。搾取と収奪との関係を理論化することで、資本主義と人種的抑圧との根強い関係の構造基盤を明らかにするのだ。

## †蓄積としての収奪——経済的議論

まずは、収奪が資本主義の構造要素だという、私の定義を敷衍《ふえん》することから始めよう。前章で見たように、収奪は搾取以外の蓄積方法だ。資本が賃金を支払い「労働力」を購入するという契約関係がない場合、収奪は人間の能力と自然資源を没収し、資本増殖の回路に徴用することで作用する。没収は、きわめて露骨で暴力的なかたちをとりやすい。新世界（南北アメリカ大陸）の奴隷制度がそうだった。あるいは商業というマントに覆われて、目立たないかたちかもしれない。現在の略奪的貸付や担保物件の差し押さえがそうだろう。収奪の対象は、資本主義の周辺に位置する地方や先住民のコミュニティの場合もあるだろう。もしくは、資本主義の中核に位置する被支配民か従属集団のメンバーの場合もあるだろう。

もし運がよければ、一度収奪されたあと、搾取されるだけのプロレタリア階級で済むかもしれない。だが、もし運が悪ければ、行き着く先は貧困者、スラム街の住人、物納小作人、〝先住民〟、奴隷など、賃金契約すら結べない現在進行形の収奪の対象になってしまうかもしれない。没収される資産は、労働、土地、動物、道具、鉱物やエネルギーにとどまらない。人間自身、つまりその性的能力や生殖能力、子どもや臓器の場合もある。だが、ここで本質的なのは、強制的に取り立てられた能力が、資本の特徴である価値増殖プロセスに組み込まれることだ。ただ盗むだけでは十分ではない。資本主義が誕生するはるか以前に存在していた略奪とは違って、この場合の収奪の目的とは没収するとともに徴用して蓄積することである。

その意味において、収奪は多くの罪悪を伴う。そのほとんどは人種的抑圧と強く結びついている。資本主義の初期に広く行なわれた（そしていまなお行なわれている）残虐行為を思い浮かべれば十分だろう。たとえば領土征服や併合、奴隷化、強制労働、子どもの誘拐、組織的レイプなどである。だが、収奪はもっと「現代的な」かたちをとる場合もある。たとえば囚人労働、性的搾取を目的とした国際的な人身売買、企業による土地の強奪、略奪的貸付による差し押さえなどがそうだ。これらは人種的抑圧とも、さらには後述するように、現代の帝国主義とも結びついている。

ところが、その結びつきは、歴史的で偶然的なものだけに限らない。それどころか、資本が現在も人種的な収奪の上に成り立っているという構造的な理由がある。その定義通り、剰余価値の際限なき拡大と私物化に専念するシステムは、資本の所有者に、被支配民から労働力と生産手段とを没収しようとする根強い関心を授ける。収奪が利益を上げるためには、次のような二つの方法によって生産コストを引き下げる必要がある。一つはエネルギーや原材料など安価な投入物を調達すること、もう一つは食料や衣服など低価格の生活必需品を供給して、より低い賃金で生活できるようにすることだ。したがって、自由でないもしくは従属する対象から資源と能力を没収すれば、資本家は（二重の意味で）自由な労働者から、より効果的に搾取できる。このように、搾取と収奪は深く撚り合わさっている。

「マンチェスターの後ろにはミシシッピがあるのだ」[5]〔英国マンチェスターの高収益の繊維産業は、アメリカ南部の奴隷労働者が供給する安価な綿によって支えられたという意味。社会学者のジェイソン・ムーアの言葉〕。

収奪は〝平時〟においても有利に働くが、経済危機の際にはとりわけ魅力的な方法だ。たとえ一時的にせよ、収益性の悪化を回復させる重大な解決策になる。同じことは政治的危機の際にも当てはまる。資本を脅かしそうにない者から富を没収して、資本を脅かしそうな者に移転することで、政治的危機を回避したり和らげたりできる場合もあるからだ。これもまた、しばしば「人種」と関係ある資本主義の別の特徴だろう。[6]

したがって一般的に、収奪は資本主義の構造的特徴であるとともに、搾取を成り立たせる可能性の――否認された――条件である。搾取と収奪は同時に起こる別々のプロセスではなく、体系的に重なり合い、資本主義社会という単一のシステムの深く撚り合わさった側面である。そして、搾取と収奪を分ける境界線は、社会学者のW・E・B・デュボイスが「カラーライン」と呼んだ肌の色の境界線と、大雑把だが、まず間違いなく合致する。結局のところ、人種差別される「他者」を収奪することは、〝労働者〟を搾取するために必要な背景条件なのだ。

この考えを明らかにするために、「原始的」あるいは「本源的」蓄積に関するマルクスの説明と対比させよう。[7] 先の考えは、次の二点で「原始的」蓄積とは異なる。第一に「原始的」蓄積が意味するのは、そもそも資本が貯蔵された、資本主義システム初期の血塗られたプロセスだ。[8] それに対して収奪が意味するのは、危機に陥りやすい資本主義システムにおいて、蓄積を維持するために不可欠な、いまなお進行中の没収プロセスである。そして第二に、マルクスが「原始的」蓄積を持ち出したのは、生産手段を持つ資本家と持たない労働者という階級区分が、歴史的に発生した経緯を説明するためだった。収奪もまたその経緯を説明するとともに、同じように構造的で重大な影響を及ぼす別の社会区分を浮き彫りにする。マルクスはその社会区分を体系的に理論化していないが、それは（二重の意味で）自由な（資本が賃金労働のかたちで搾取する）労働者と、自由でないか従属する（資本が別の方法で喰い尽くす）者との社会的区分である。

そして、この第二の区分は、目下の問いにとってきわめて重要だ。資本主義社会で人種差別の力学は、構造的な基盤を持つ「目印」において明確に現れる、というのが私の主張だ。その目印は、搾取される自由な対象と、従属し収奪される対象とを区別する。だが、そう主張するためには、焦点を「経済的なもの」から「政治的なもの」へと転換しなければならない。資本主義社会の政治的秩序を中心に据えなければ、区分の構造は――そしてそれとともに、「人種」がつくり出されたものだという主張は理解できないからである。

## †支配としての収奪——政治的議論

搾取と収奪との違いは、経済的でもあり政治的でもある。経済的に見た場合、この二つは資本蓄積のメカニズムを意味し、分析上はまったく異なるものの、互いに撚り合わさった価値増殖の方法を表す。そして政治的に見た場合には、支配の様式と関係がある。とりわけ権利を有する個人や市民と、被支配民、奴隷、従属集団とを区別する身分ヒエラルキーとの関係である。

マルクスも論じたように、資本主義社会では、搾取される労働者は自由な個人という法的身分を持ち、労働力を売って賃金を受け取る権利が与えられている。ひとたび生産手段を奪われ、プロレタリア階級に入った労働者は、少なくとも理論上は（それ以上は）収奪されない。この点において、彼らの身分はほかの者とは——労働、財産、身体のどれか、あるいはそのすべてが、いまなお資本による没収の対象である者とは——一線を画す。それに対して、没収される者は政治的な保護を享受するどころか、身を守るすべもなく、収奪の格好の的となる——それも何度も繰り返し。このように、彼らは本質的に侵害されやすい。執拗な攻撃に歯止めをかける手段を奪われ、飽くなき食欲という最も過酷なかたちの収奪にさらされる。

一般的に、搾取と収奪との違いは、蓄積の機能だけでなく支配の機能にもある。資本主義社会において保護を与えるか与えないかを決めるのは、政治機関、特に国家だ。そして、たいてい国家もまた身分ヒエラルキーを成文化して施行し、市民と被支配民とを、国民と外国人とを、権利を有する労働者と従属する〝役立たず〟とを区分する。搾取可能な対象と収奪可能な対象をつくり上げ、その二つを区分するとともに、政治的主体化を行なう国家の慣行によって、資本の〝自己〟増殖に不可欠な前提条件を供給する。[9]

それにもかかわらず、この点については国家の単独行動ではない。地政学的な約束事も関与している。国家レベルの政治的主体化は、国際システムによって可能となる。そのシステムが国家を「承認し」、合法的な住民と「不法な外国人」とを区別する国境管理の正当性を認める。移民や難民をめぐる最近の衝突を考えれば、地政学的に決定した政治的身分のヒエラルキーが、どれほど簡単に特定の人種にコード化されるかがわかるだろう。

## †労働者と被支配民

同じことは、ほかの身分ヒエラルキーについても言える。そのヒエラルキーは、世界を「中核」と「周辺」に分割する、資本主義の帝国主義者の地理学から生まれた。歴史的に見て、中核は搾取の代表的な中心地のように見られてきたいっぽう、周辺は収奪の象徴的な役割を割り当てられてきた。そのような分割とそれに伴う身分ヒエラルキーは、最初から特定の人種とあからさまに結びついていた。本国の市民対植民地の被支配民、自由な個人対奴隷、「ヨーロッパ人」対「先住民」、「白人」対「黒人」といった具合に。これらのヒエラルキーもまた、搾取に適した住民や地域と、収奪される運命にある住民や地域とを区別する。

その二つはどのように区別されたのか。その方法を知るために、政治的主体化について、とりわけ（二重の意味で）自由で搾取可能な市民＝労働者と、従属し収奪可能な被支配民とを区別するプロセスについて詳しく見ていこう。どちらの身分も政治的につくり出されたものの、その方法は異なる。資本主義の中核において、財産のない職人や農業従事者、小作人は、階級妥協の歴史的プロセスを通して、搾取される市民＝労働者になった。そして、国民国家のリベラルな法的枠組みのなかで、解放闘争は、資本の有利になるよう特定の合意に導かれた。そのいっぽう、周辺か中核かに関係なく収奪可能な対象になった者は、そのような調整とは縁がなかった。反乱はたいてい武力で鎮圧された。もし搾取される市民＝労働者の支配が、同意と合法性というヴェールに包まれていたとすれば、収奪可能な者の支配は、覆い隠すものもない、あからさまな弾圧に基づいていた。

さらに言えば、搾取と収奪は互いに互いの構成要素であり、実質的に定義し合うことが多かった。アメリカでは、市民＝労働者の身分は合法的な搾取という自由のオーラを獲得したが、奴隷や先住民は従属し、貶められたままだった。彼らは身体も土地も繰り返し侵害されたものの、それに対して罰を受けた者はいなかった。[10] アメリカは彼らの身分を被支配民として成文化するとともに、市民＝労働者の規範的身分も確立したのである。

　とはいえ、先にも指摘したように、資本主義において従属する被支配民の政治的創出は、いつの時代も国境を越えて行なわれた。地政学的競争と経済拡張政策とが密接に結びついた論理をもとに、強国は資本主義システムの求めるままに、遠く離れた資本主義世界システムの周辺領域で、収奪可能な被支配民を確保し始めた。ヨーロッパの植民地主義列強、さらにアメリカという帝国主義国家は、地の果てで略奪を繰り返すことで、何十億もの人々を被支配民に変え、政治的保護のない、没収の機が熟した対象として扱った。国家がつくり上げた収奪可能な対象者の数は、国家が搾取のために〝解放した〟市民＝労働者の数をはるかに上まわる。

　だが、被支配民を植民地支配から解放したからといって、そのプロセスが終わりを告げたわけではなかった。それどころか、収奪可能な被支配民は日々、大量につくり出されている。旧植民地国家、旧宗主国、超国家的権力の共同作戦によって、いまなおつくり続けられ、蓄積マシーンに潤滑油を差している。超国家的権力のなかには、債務返済の代わりに、土地や財産の所有権の移転を迫るグローバル金融機関も含まれる。

## †「人種」という目印

ここでの共通点もやはり、彼らが政治的に無防備な状態にあることだ。侵害に歯止めをかけたり、保護を訴えたりできず、身を守るすべがないことは、実際、収奪可能性の最も深刻な特徴であり、この点で搾取可能性とは一線を画する。無防備で侵害されやすいという収奪可能性こそ、人種的抑圧の中心を成す特徴だ。自由で搾取される対象と、従属し収奪される対象とを分ける要素は、侵害可能な存在だと知らせる「人種」という目印である。

ここまで私は、資本主義には人種的抑圧の構造的基盤が隠れていると主張してきた。市場交換の見地からであれ、自由な賃金労働という搾取の見地からであれ、資本主義システムを狭く捉える限り、その基盤は見えにくい。だが、枠組みを広げて収奪の第三のアプローチを含めたときに、その基盤が立ち現れてくる。そのとき、収奪は搾取とは明確に異なるが複雑に絡み合った、搾取の必要条件として理解される。資本主義の観点を拡張し、「経済」とともに「政治」を組み入れることで、資本主義システムが、自由でないか征服され、生まれながらに侵害可能な存在だと知らせる、人種という目印のついた階層に、必然的に依存していることが浮き彫りになる。資本主義は、人種的抑圧と執拗に絡み合ってきた。その構造的基盤は、搾取と収奪とを構造的に切り離したことにあるのだ。

## †人種差別による資本蓄積の歴史的体制

それでもなお、私が描いた構造は変化しやすい。資本主義が誕生した頃のままどころか、資本主義の発展に伴い、その構造は何度も大きな変化を遂げてきた。搾取と収奪が明確に切り離されて、搾取はヨーロッパという中核で（白人男性という）〝労働貴族〟だけに充てられ、収奪はおもに周辺の有色人種に押しつけられていた時期もあった。そうかと思えば、搾取と収奪の区別が曖昧だった時期もある。そのような変化が、資本主義社会の人種的抑圧の力学を周期的につくり変えてきた。資本主義社会を、その力学から切り離して理解することはできない。実際、両者の関係は構造的であるとともに、歴史的でもあるのだ。

搾取と収奪という二重の条件を明らかにするために、資本主義の歴史を、人種差別に基づく蓄積の体制の流れとして描こう。議論の第二ステップでは、資本主義のおもな発展段階に特有の搾取と収奪との関係を前景に描く。それぞれの体制において、搾取と収奪の地理学と人口動態を明らかにする。搾取と収奪はどの程度切り離され、異なる地域に位置し、特定の住民に割り当てられたのか。各体制の搾取と収奪の相対的な重要性と特有の結びつき方にも注目する。最後に、それぞれの段階を特徴づける政治的主体化のかたちも特定する。

**†重商資本主義**

まずは、一六世紀から一八世紀にかけて繁栄した商業資本主義、または重商資本主義から始めよう。「原始的蓄積」という言葉を考え出したとき、マルクスの頭にあったのはこの時代だった。この言葉とともにマルクスは、この段階の資本主義において蓄積のおもな推進力は、搾取ではなく収奪だとにおわせていた。最も重要なのは土地や財産の剝奪である。中核では土地の囲い込みが、あちこちの周辺では征服と略奪と〝商業目的の黒い肌の狩猟〟が盛んに行なわれた。[11] どちらも近代産業の勃興をはるかに先取りした動きだった。労働者を工場で大がかりに搾取する前には、ヨーロッパと、そしてとりわけアフリカおよび「新世界」で、肉体、労働力、土地、鉱物資源を莫大な規模で収奪した。この時代の資本主義にあって、収奪に比べれば搾取は文字通り取るに足りないものに思えた。そして、収奪は身分ヒエラルキーと密接に結びついていた。

もちろん、重商資本主義は人種的主体化のさきがけを生み出し、これがのちに大きな影響を及ぼした。たとえば「ヨーロッパ人」対「先住民」、自由な個人対奴隷、「白人」対「黒人」などである。ところが当時、これらの区別はさほど明白ではなかった。というのも、資産を持たない者はほぼ全員が統治される側であって、権利を有する市民ではなかったからだ。この時代、すべての者は誰も収奪から政治的に保護されず、大多数の社会的身分は自由ではなく従属関係にあった。そのため、彼らは資本主義のその後の段階に見られる特別なスティグマ（烙印）を押されてはおらず、中核において多数派民族の男性労働者が、政治闘争を通じてリベラルな権利を勝ち取るまでは、誰も従属する立場にあった。「自由な人種と支配される人種」との対照が際立ち、近代資本主義に連なる完全な白人至上主義の身分秩序が生じるのは、もっとあとになってからだ。本国で民主化が起き、工場を舞台とした二重の意味で自由な賃金労働者の大規模な搾取が盛んになってからである。[12]

## †リベラルな植民地資本主義

そして、それこそが一九世紀に入り、重商資本主義がリベラルな植民地資本主義に道を譲ったときに起きたことだった。その新しい体制において、搾取と収奪はよりバランス良く結びついた。もちろん、土地や労働の没収はすみやかに続けられた。ヨーロッパの宗主国は植民地支配を揺るぎないものとし、アメリカは先住民の土地や財産を剝奪して、「国内の植民地」を永続的なものとした。その方法の一つとして、特定の人種の奴隷を拡大した。二つ目の方法として、奴隷制度の廃止〔一八六五年〕後には、奴隷の身分から解放された自由民を、小作制度を利用して債務労働者に変えた。

だが当時、周辺で行なわれていた収奪は、中核で行なわれていた莫大な利益を生み出す搾取と密接に結びついていた。新しいのは、工場を舞台とした大規模製造業の隆盛である。それは、マルクスが思い描いたプロレタリア階級をつくり出し、伝統的な生活形式を覆し、幅広い階級闘争を刺激した。最終的に本国で起きた民主化闘争は、搾取される労働者に、資本主義システムに適合した市民権をもたらした。いっぽう、反植民地闘争を容赦なく弾圧し、周辺の支配体制を引き続き盤石なものとした。

これにより、自由な者と従属する者とはいっそう著しい対照を増し、人種化に拍車がかかり、明確に異なる二つの「人種」が誕生した。この方法によって登場した自由で搾取可能な「白人」の市民＝労働者の裏面には、人種差別され、従属するほかない収奪可能な被支配民という、絶望的な条件の存在があった。近代の人種差別はこうして、資本主義社会の深い構造のなかに、長く続く錨を見つけ出したのである。

リベラルな植民地体制において、搾取と収奪は明確に切り離され、人種差別はさらに確固たるものとなった。この段階において、搾取と収奪は異なる地域で異なる対象に――搾取は（二重の意味で）自由な者に、収奪は奴隷化されたか植民地化された地域の者に――割り当てられたように見えた。

ところが実際には、その区分はさほど明確ではなかった。というのも、自然資源の採取産業で被植民者を賃金労働に雇用していた例もあり、また資本主義の中核で搾取される労働者のうち、当時、進行していた収奪を完全に免れた者はわずかしかいなかったからだ。さらに、搾取と収奪は分離されているように見えて、全体的に重なり合っていた。安価な食料、衣服、鉱石、エネルギーを供給できたのは、周辺の（中核の周辺を含む）住民を収奪したからであり、その収奪なしには、本国の工場労働者を搾取したところで、あれほど高い利益は上げられなかっただろう。したがってリベラルな植民地時代において、搾取と収奪はまったくの別物でありながら、単一の世界資本主義システムのなかでは、どちらも蓄積の原動力だった。

## †国家管理型資本主義

そして次の時代、搾取と収奪の関係は再び変化を迎える。両大戦間に始まり、第二次世界大戦後に強固になった国家管理型資本主義の新たな体制は、搾取と収奪を廃止することなく、その分離を弱めた。この時代、収奪はもはや搾取を排除せず、資本主義の中核の一部の労働市場で、搾取と直接結びついた。そのような文脈において、資本は人種差別される労働者に没収すべき割増分を要求し、「白人」よりも低い賃金を設定した。それは彼らの社会的再生産に必要な額を下まわった。その結果、収奪は搾取と直接、緊密に結びつき、二重の賃金体系を持つ賃金労働の内部構造に入り込んだ。

その好例がアフリカ系アメリカ人だろう。農業の機械化で行き場を失った多くのアフリカ系アメリカ人が北部の都市に流れ込み、産業プロレタリア階級に参加した。だが、ほとんどが二級労働者として働き、最も汚く最も卑しい仕事をあてがわれた。この時代、彼らは搾取され、収奪され、資本家は彼らが必要とする再生産費用の全額を支払わなかった。その制度をさらに強化したのは、ジム・クロウ制度〔狭義には、一九世紀後半から一九六四年にかけてアメリカ南部の各州に存在した、黒人を物理的に隔離する差別的法制度。広義には黒人差別体制を指す〕の下で続いた政治的支配である。国家管理型資本主義の時代を通して、アフリカ系アメリカ人は政治的保護を奪われ、隔離され、参政権もなく、それ以外の制度でも数多くの屈辱を味わわされ、完全な市民権を否定され続けた。北部の工場や西部の造船所で雇われたときにも、程度の差はあれ、やはり収奪可能とされ、権利を持つ完全な自由民として扱われず、搾取されるとともに収奪された[13]。

国家管理型資本主義体制は、搾取と収奪の境界を曖昧にするとともに、身分の差を強化した。資本主義の中核で新しく福祉国家が誕生すると、市民＝労働者の身分に、象徴的な価値と物質的な価値を与え、彼ら向けの保護や給付金制度を整備した。労働者の権利、企業との交渉、社会保険を制度化し、蓄積の安定化を図って資本の利益としただけでなく、搾取される〝だけの労働者〟を政治的に組み込んだのである。ところが、そのことはそこから漏れた者との差をより際立たせ、彼らを憤慨させ、人種差別される「他者」にさらなる烙印を押す結果となった。甚だしく矛盾した不当な体験と引き続く侵害は、一九六〇年代に入ると、長く続く過激な抗議運動を誘発し、公民権とブラック・パワーの活動家が街頭に出て、抗議デモを繰り広げた。

ちょうど同じ頃、国外の周辺において脱植民地闘争が一気に燃え上がり、やがて搾取と収奪の異なる融合を生んだ。植民地の独立は被植民者の身分を、従属する被支配民から、権利を有する市民へと引き上げることを約束した。労働者階級のなかには実際、市民権をなんとか手に入れた者もいたが、その身分は不安定で条件も劣っていた。不等価交換を前提とするグローバル経済において、彼らは搾取され、収奪され、貿易体制は彼らに不利に働き、植民地支配が終わりを告げたにもかかわらず、価値は中核に吸い上げられた。さらに、身分の上昇を享受できた者は一部にとどまり、圧倒的多数は拒絶され、引き続き賃金体系の外にあって、あからさまな没収の対象であり続けた。

いっぽう、それまでは海外政府と多国籍企業だった収奪者に、新たに旧植民地国家が加わった。輸入代替工業化〔輸入を規制し、国内で工業生産を行なうことで工業の振興を図る政策〕を頼りとする旧植民地国家の成長戦略は、たいてい〝自国の〟住民の収奪を伴った。旧植民地国家は、国内の小作人や労働者の生活状況を改善しようと必死に取り組んだが、状況が大きく改善することはなかった。貧困国が有する豊富な資源、投資と貿易による新帝国主義体制、引き続く土地の剝奪。この三つによって、独立後の植民地国家では、搾取と収奪の境界線が曖昧なままになってしまった。

したがって、国家管理型資本主義では、搾取はもはや収奪とさほど分離しては見えなかった。むしろ、一方で人種差別に基づく産業労働において、他方で植民地独立後の不完全な市民権において、搾取と収奪は内的にしっかりと結びついた。それでいて、搾取と収奪の区分が消えることはなく、中核でも周辺でも、それぞれの〝純粋な〟変異型がはびこった。多くの者が、純粋かつ単純なかたちで収奪され続けた。しかも、彼らはほぼ例外なく有色人種だった。それに対して〝単に〟搾取された者は、たいていヨーロッパ人で〝白人〟だった。ところが、ここで新しく登場したのが、収奪され搾取されるハイブリッド型である。彼らは国家管理型資本主義の下では依然、少数派だったが、やがて来たる新たな世界の前触れだった。

## †金融資本主義

さて、現在の資本主義体制に目を向けよう。私たちの目の前にあるのは、搾取と収奪のハイブリッド型が莫大に膨れ上がった社会である。この段階を金融資本主義と呼ぶ。搾取と収奪が、まったく新しい独特のかたちで結びついた段階だ。いっぽうでは、搾取と収奪の地理学と人口動態の特徴に劇的な変化が起きていた。現在、より大きな規模の産業的搾取が起きているのは歴史的中核の外に位置し、かつて「半周辺」を構成していたＢＲＩＣＳと呼ばれるブラジル、ロシア、インド、中国、南アフリカ共和国である。[14] そのいっぽう、収奪も増加中だ。実際、きわめて急激な増加傾向にあり、利益の源泉として再び搾取を凌ぐ勢いだ。これらの状況は密接に関連している。生産拠点が海外に移転し、金融がグローバル化し、収奪が世界的な現象となるのに伴い、従来の被支配民だけでなく、以前は市民＝労働者として、自由な個人という身分によって保護されてきた者も苦境に陥っている。

ここでのおもな原動力は債務だ。グローバル金融機関は、身を守るすべをもたない対象から富を貪り喰うために、投資家と共謀するよう国家に圧力をかける。実際、資本主義の周辺国で小作人が土地を奪われ、企業による土地の強奪が激化したのは、ほとんどが債務を通してである。

だが、犠牲となったのは周辺の小作人だけではない。資産を持たない旧植民地の住民は、事実上全員が国家の債務によって収奪された。国際金融機関に債務があり、「構造調整」

〔国際通貨基金（ＩＭＦ）や世界銀行が、開発途上国に金融支援をする際に前提として要求する経済政策〕で身動きのとれなくなった旧植民地国家は、開発主義を放棄して自由化政策を余儀なくされる。そして、富を法人資本やグローバル金融に移転する。さらに債務再編は債務を削減するどころか、その増大を招くばかりで、ＧＮＰ〔国民総生産〕に対する債務返済比率は急上昇し、その後何世代にもわたって、ときにはその世代が生まれる前から収奪の運命を背負わせてしまう。彼らが、搾取の対象でもあるかどうかは関係ない。

歴史的に中核だった地域でも、ますます収奪による蓄積が続く。労働組合に加入する産業労働者に代わって、低賃金の不安定なサービス業労働者が働くようになると、賃金は社会的再生産に必要な費用を下まわる。これまでは〝単に〟搾取の対象だった労働者は、いまは収奪の対象でもある。かつて少数派に限られていたそのダブルパンチは、すでに一般化が進み、福祉国家を襲う攻撃によっていっそう悪化する。社会的賃金が低下し、以前は公共インフラや社会保障に使われていた税収は、「市場」をなだめるために、債務返済と「財政赤字の削減」にまわされる。実質賃金は落ち込み、保育などの公共サービスも家庭やコミュニティに、おもに女性に押しつけられる――それでなくとも不安定な賃金労働に就き、それゆえ搾取され、収奪され、窮地に立たされている女性に。

さらに、中核では周辺と同じように、「底辺への競争」〔企業誘致や産業育成のために、減税や規制緩和を行なうことで、財政状況や労働条件、社会福祉、生活環境などが最低水準へと向かうこと〕のせいで法人税は落ち込み、国庫は激減し、外見上はさらなる「緊縮」が正当性される。実際、これで悪循環の完成だ。これ以上企業に便宜を図ることは、苦労の末に手に入れた労働者の権利を骨抜きにし、以前は保護の対象だった労働者の生活に打撃を与えることになる。それでも彼らは、ほかの労働者と同じく、どこかで生産された安価な製品を買わなければならない。そのような状況で消費者が引き続きお金を使うためには、負債を増やすしかない。それが投資家を太らせ、あらゆる肌の色の市民＝労働者を、猛烈な食欲で共喰いする。だが、とりわけその対象となるのは、差別される人種の借り手だ。彼らはきわめて高い金利の略奪的なサブプライムローンや、ペイデイローン〔給料を担保に提供する無謀な利息の短期貸付〕の餌食になりやすい。したがって、金融資本主義では身分や地域にかかわらず、収奪の新たな波を起こす原動力は債務なのだ。

そのため、今日の金融資本主義で私たちが目にするのは、搾取と収奪の新たな組み合わせであり、政治的主体化の新たな論理だ。従属し収奪可能な被支配民と自由で搾取可能な労働者とは、かつては明確に分かれていた。ところが、それに代わって新たな連続体が登場した。いっぽうの端には、無防備で収奪可能な多くの被支配民。その数は増え続けるばかりだ。もういっぽうの端には、保護され、搾取される〝だけ〟の市民＝労働者。その数は縮小の一途をたどっている。そして真ん中に新しく登場したのが、以前は自由だったが実際は無防備な対象、すなわち収奪され、搾取される市民＝労働者だ。もはや周辺の住民や人種的マイノリティに限らず、この新たなかたちが標準になりつつある。

それでも、収奪と搾取の連続体は人種差別と深い関係にある。アメリカの例を見れば明らかなように、連続体のうち、いまも収奪の側の端を占めるのは圧倒的に有色人種が多い。肌の色が黒か茶色のアメリカ人は、長いことクレジットカードを持てず、隔離された貧しい公営アパートで暮らしていた。低賃金のために貯金もできず、サブプライムローンの格好の標的にされたうえ、自宅の差し押さえ率もきわめて高かった。

同じように、長年にわたって公的資源の不足に悩まされてきた人種的マイノリティの街や地域社会は、工場閉鎖によって大打撃を受けた。雇用だけではない。税収も減ったのだ。そのため、学校、病院、基本インフラの維持に必要な資金源が枯渇し、それが原因で大きな災厄に見舞われた。ミシガン州フリント〔市が経費削減のために水源を変更したために、水道水が高濃度の鉛で汚染された〕や、ルイジアナ州ニューオーリンズのロウワー・ナインス・ワード地区〔ハリケーン・カトリーナで壊滅的な被害を受けた〕がその例だ。

さらに、アフリカ系アメリカ人の男性は、差別的な判決を下されて厳しい投獄生活を強いられたり、強制労働を押しつけられたりする。罪に問われることのない加害者から（ときには警察から）暴力を振るわれる。批判的人種理論家が「産獄複合体」と呼ぶものに大量に徴用される。クラック・コカインの少量所持をターゲットにした「薬物との闘い」によって、そしてまた圧倒的に高い失業率によって、アフリカ系アメリカ人の男性を刑務所送りにして、監獄をつねに満杯にしておくためだ。金融資本主義では搾取と収奪の結びつきが変化したにもかかわらず、人種差別は一向になくならない。まさしく、どこまで食欲が旺盛なのかと恐ろしくなるほどだ。

## †資本主義はそれでもやはり人種差別的なのか

反人種差別の理論と実際を分析してきたいま、どんな結論が導けるだろうか。搾取と収奪の分離が弱まっているという現在の状況は、四〇〇年に及ぶ資本主義の人種的抑圧を支えた構造が、ついに消滅しかかっているという意味だろうか。資本主義は、もはや必ずしも人種差別的ではないのか。もしそうなら、人々を分類する人種差別の力もまた消滅しつつあるということか。

本章の分析から読み取れるのは、資本主義社会において歴史的に人種差別の構造的基盤の役目を果たしてきた要素が、完全に終焉を迎えたわけではないにせよ、崩壊しかかっているということだ。資本主義はその登場から現在に至るまで、つねに搾取と収奪の両方を必要としてきた。とはいえ、過去には搾取と収奪とを切り離し、その二つを、カラーラインに応じた明確に異なる対象に割り当てていた時代もあった。ところが今日、搾取と収奪はもはや異なる対象に割り当てられていない。それどころか、今日の金融資本主義は、資産を持たないほぼすべての成人を賃金労働に強制動員し、その圧倒的多数に対して、社会的に必要な再生産費用を下まわる額しか支払っていない。公的支援を廃止することで「社会的賃金」を削減し、資産を持たない多くの人を債務の触手に巻き込む。不安定な状態が蔓延するなか、金融資本主義は、ほぼすべての対象を搾取するとともに収奪する。

それでもやはり、人種的抑圧は現在の金融資本主義体制で存続する。有色人種はいまなお人種差別を受け、貧困、失業、ホームレス、空腹、病に苦しむ可能性がずっと高い。犯罪や略奪的貸付の犠牲になりやすい。収監され、死刑判決を受ける割合も高い。警官の嫌がらせに遭い、命を奪われるリスクも高い。終わりのない戦争で使い捨てのように扱われたり、性的奴隷にされたり、難民になるか「巻き添え」になったりする。暴力、貧困、気候変動が引き起こす災害で、土地や財産を失うか避難を余儀なくされたあげく、国境で投獄されたり、海で溺れ死んだりする。

これらの展開から分析に値する問いが浮かび上がる。金融資本主義は、それ以前の体制で人種的抑圧を支えた政治的、経済的構造を解体しつつあるいっぽう、いまなお人種間の格差を抱え、敵対心を助長する。だが、それはなぜなのか。搾取と収奪の明確な分離は消滅したというのに、人種差別はなぜ生き延びたのか。いまでは、人々はみな搾取と収奪の客観的条件を有するというのに、なぜみずからを同じ（浸水しやすい、航海に不向きな）船旅の仲間とは捉えないのか。なぜ彼らは、搾取と収奪がより曖昧に結びついた金融資本主義に対して、ともに反対運動に参加しないのか。彼らみなを一様に傷つけるというのに？

資本主義の歴史のもっと早い段階で、そのような同盟がきわめてまれだったことは驚くにあたらない。以前は人種の違いによって搾取と収奪は分離していた。それゆえ、資本主義の中核において（二重の意味で）自由な〝労働者〟は、みずからの利益と目的を、周辺の――これには中核の周辺も含まれる――従属する者の利益と目的から切り離して考えていた。そのため、階級闘争として理解されていた運動を、奴隷制度や帝国主義、人種差別に対する闘争から切り離して扱うことは非常に簡単だった――自分がその脅威に直接さらされない限りは。そして、ときには逆もまた真なり。人種的抑圧を克服するための運動が、〝労働〟との同盟を断念することもあれば、その運動を蔑むことさえあったのだ。その結果、資本主義の歴史を通して、解放を目指す力は弱まってしまった。

だが、それも過去のこと。今日、同盟が実現する見込みはあるのだろうか。資本主義社会の人種的抑圧が、厳密にはもはや「必要」のない、いまの時代に？　本章で描いた全体像は複雑な見通しを示している。客観的に見れば、これまで人種差別を支えてきた搾取と収奪の分離は、金融資本主義体制において弱まった。ところが主観的に言って、搾取と収奪の新しい関係は実のところ、人種的な反目を――少なくとも短期的には――激化させる恐れがある。何世紀にもわたって続いてきた人種差別の烙印と侵害が、搾取と収奪を求める資本の貪欲な欲求と出会うとき、そこに生まれるのは、強烈な不安とパラノイア――それゆえ、必死に安全を求めようとする動き――と人種差別の悪化だ。

以前は(ほとんどの)捕食から守られていた者が、現在、その負担を積極的に共有する気がないのは確かだ。単に彼らが人種差別主義者だからではない。もちろん、それが理由の者も一部にはいる。だが、彼らにもまた不満を抱くだけの理由がある。その不満が表に出る方法は一つとは限らない。当然、いろいろな方法がある。現在の社会システムはほとんど全員を収奪する。そして、その社会システムの廃止を目指す、人種の垣根を越えた運動が欠如しているとき、彼らの不満は、勢いを増す右派の権威主義的ポピュリズムとなって現れる。

今日、資本主義の歴史の中核にあったほぼすべての国に加え、少なからぬ旧周辺国でも、右派の権威主義的ポピュリズムは支持を増やしている。これは、現代の「進歩的な新自由主義」に対するまったく予想通りの反応だ。その全体像をシニカルに具現化しているエリート層は「公平性」に訴えておきながら、自分たちは収奪を拡大する――彼らは、かつて「白人」もしくは「ヨーロッパ人」という身分によって最悪の状態から守られていた者に対して、その特権的な身分を手放し、悪化する不安定な状態を受け入れ、侵害に屈するように求めるのだ。ところが、そのいっぽうでエリート自身はみずからの資産を投資家につぎ込み、かつての身分を手放す者に対して、道徳的な承認以外には何の見返りも与えない。[15]

この文脈において、ポスト人種差別社会の政治的見通しはさほど薔薇色ではない。もちろん、構造的な間仕切りがなくなる可能性はある。だが、搾取と収奪の構図がより曖昧になったからといって、人種を超えた同盟が自発的に誕生するわけではない。それどころか、容赦なく捕食する金融資本主義の世界で、人種間の反目は激化している。今日、人種差別なき資本主義は原則的には可能かもしれない。だが実際には、澱んで勢いを失った傾向、強まる不安、資本主義システムのシニカルな操作という三つの有毒な組み合わせによって、実現の可能性は妨げられているように思える。

だが、その事実を嘆く前にこう問うべきだ。現在の状況において、人種差別なき資本主義とは具体的にどういう意味か、と。解釈の一つはこうだ。有色人種が人口比に応じて、グローバル金融と政治権力の高みに立つとともに、搾取かつ収奪の犠牲者が同じく人口比に応じて、政治の舞台で代表を務める体制だろう。その状況が実現する可能性を考慮したとして、それがもし圧倒的多数の有色人種の生活条件が、さらに悪化することを意味するのなら、人種差別に反対する者はたいして心の平安を得られない。広がる不平等のなかで同格を目指す、この種の「人種差別なき資本主義」が向かう先は、人種どうしの反目が高まる社会において、せいぜい共喰いの機会均等をもたらすくらいのものだろう。

## †人種を超えた同盟

本章で展開した分析が示すのは、よりラディカルな変化が緊急に求められていることだ。進歩的な新自由主義者の主張と異なり、人種差別は共喰いの機会均等では打破できない――また、自由主義者が主張するような法改正によってでもない。ブラック・ナショナリストには申しわけないが、解決策は産業特区の設置、コミュニティの管理、自己決定のなかにもない。伝統的な社会主義者が主張するように、搾取だけに焦点を絞ったところで、人種差別される者たち、いや実際、あらゆる肌の色の労働者を解放することはできないのだ。そうではなく、本章で論じたように、搾取と体系的に結びついた収奪にも焦点を当てる必要がある。実際、必要なのは、搾取と収奪という強固な結びつきを克服し、全体的な基盤の転換を図り、搾取と収奪の両方を根絶することだ。そのためには、二つの共生を生み出す、資本主義というより大きなシステムを葬らなければならない。

今日、人種差別の克服に必要なのは、その転換を目指す人種を超えた同盟だ。そのような同盟が構造変化によって自発的に生まれることはない。だが、息の長い政治的努力によって可能になるかもしれない。そのための必須条件は、金融資本主義の搾取と収奪の共生関係に重点を置く視点だ。その視点によって二つの重なりを明らかにすることで、搾取も収奪も個別には克服されないことがわかる。両者の運命は結びついている。かつて明確に分離していた対象者も、いまではきわめて居心地悪く結びついている。搾取される者は収奪され、収奪される者も搾取される。今日、同盟を思い描くことはようやく可能かもしれない。搾取と収奪の境界が曖昧ないま、金融資本主義はおそらくその二つがともに廃止される素地をつくり出しているのだ。それでもなお、今日を生き、歴史が差し出す可能性を、真に歴史的な解放の力に変えられるかどうかは、私たちにかかっている。

いずれにせよ、その目標を達成することは容易ではないだろう。だが、資本主義社会の別の構造的特徴を考えるとき、その達成はさらに複雑なものとなる。前章で述べたように、金融資本主義社会に深く根ざした支配のかたちは、人種差別に基づく収奪だけではない。それどころか、人種差別に基づく収奪は、ほかの秘められた場所——社会的再生産、エコロジー、政治——に基盤を持つ不正義と同じ状況を共有し、互いに深く結びついている。人種差別を十分に理解するためには、ほかの秘められた場所も理解しなければならない。

ということで次章で論じるのは、資本主義が生産と再生産を構造的に切り離したために生じた、資本主義社会が共喰いするジェンダーのかたちである。

第3章

# ケアの大喰らい

## ――なぜ社会的再生産は資本主義の危機の主戦場なのか

## †社会的再生産の危機

人種差別される人たちの富を資本が常食とするならば、それはまたケアを食い荒らす大食漢でもある。[1]今日、資本のその側面は、社会生活で消耗し、無償労働に追われて個人の充足感を満たす時間が持てないという、世に蔓延する生活に現れる——その体験の構造的基盤は、社会的な現実のなかにある。家族の面倒を見て、家庭を切り盛りし、コミュニティの生活を維持する。友情を育み、政治的ネットワークを築き、連帯を強める。実のところ、これらの活動に必要なエネルギーを社会システムは奪い取ってしまう。だが、ケア労働と呼ばれるこうした活動は、社会にとって不可欠だ。ケア労働に携わる者は、日常的かつ世代を越えて人間を賦活するとともに、社会的きずなも維持する。

さらに資本主義社会においてケア労働には、商品化された労働力の供給を確かなものにするという重要な役割がある。資本は、その労働力を通して剰余価値を吸い上げる。私が社会的再生産と呼ぶこれらの活動なくして、生産も利益も資本も成り立たない。経済も文化も国家も存在しない。実際、資本主義社会かどうかに関係なく、社会的再生産を組織的に貪って存続できる社会はない。そうであるにもかかわらず、現在の資本主義はまさしくケア労働を組織的に貪っている。ケア労働に注ぐべき情緒的、物質的な資源を、不可欠ではないほかの活動に振り向ける。企業の財政はさぞ潤うだろうが、私たちは欠乏に苦しむ。そして、大きな危機が訪れる。ケアの問題だけではない。はるかに広い意味で、社会的再生産の危機に見舞われるのだ。

その危機はきわめて危険にせよ、本書で論じる、餌に喰いつき喰い荒らそうとする、より大きな狂乱状態の一つにすぎない。いまの時代に資本が貪り喰っているのは、社会的再生産だけではない。公的権力や政治能力、自然の富や人種差別される人たちの富もまた同じだ。その結果、社会秩序全体が全般的な危機に陥る。危機のさまざまな要素が互いに交差し合い、互いを悪化させる。それでも今日の議論が焦点を合わせるのは、たいてい経済的か生態学的な側面だ。重大な緊急課題であるにもかかわらず、社会的再生産は軽んじられる。セクシズム（性差別主義）との関連は疑うべくもないのに、社会的再生産を軽視する傾向が、性差別の問題に立ち向かう私たちの能力を妨げてしまう。「ケア」の構成要素はより大きな危機の中心を成すため、ほかの構成要素のうち、ケアから切り離して正しく理解できるものは何一つとしてない。だが、逆もまた真なり。社会的再生産の危機は独立した問題でもなければ、単独で理解できる問題でもない。だが、もしそうであるなら、どのように理解されるべきだろうか。

私が提案するのは、現在の「ケアの危機」を新たに捉え直すことだ。そして、その危機を資本主義に内在する社会的再生産の矛盾が深刻なかたちで現れたもの、と解釈する。この公式化は、次の二つの考えを表している。第一に、最近のケアをめぐる切迫した状況は偶然生じたものではなく、その深い構造的原因は、前章で金融資本主義と呼んだ今日の社会秩序にあるということだ。それでもなお、そして第二のポイントとして、社会的再生産の今日の危機は、現行のかたちのシステムに限らず、資本主義社会そのものがどこか腐敗していることを示唆している。新自由主義だけでなく、資本主義そのものが変わらなければならない。

したがって、どのかたちの資本主義社会も、根強い社会的矛盾か危機の傾向をはらんでいる、というのが私の主張だ。社会的再生産は、資本蓄積の維持にとって不可欠な背景条件だ。いっぽう、際限ない蓄積を目指す資本主義の衝動は、みずからが依存する社会的再生産の活動を共喰いするよう、みずからに促す。いわゆるケアの危機の根底には、資本主義に備わった社会的矛盾がある。その矛盾は資本主義そのものに備わっているとはいえ、資本主義社会のどの歴史的形態においても、それぞれ異なるかたちをとって現れる。私たちが今日経験しているケア不足は、金融資本主義という現在の発展段階で現れた社会的矛盾のかたちである。

## †生活世界のフリーライディング

それでは、現在の金融資本主義において、社会的矛盾はなぜケア不足というかたちで現れたのか。その理由を知るためには、資本主義の矛盾とみなされる現象に対する、私たちの理解を広げる必要がある。ほとんどの分析者が強調するのは、矛盾は資本主義経済の「内部」にあるという考え方だ。彼らの主張によれば、資本主義システムの経済の中心には、みずからを不安定にする傾向が組み込まれており、それが周期的に株価暴落、景気変動、大恐慌といった経済危機のかたちをとって現れるという。ここまでは彼らの考えも正しい。ところが、その解釈では資本主義に本来備わった矛盾の全体像を説明しない。というのも、彼らはこの社会システムのきわめて重要な特徴を見落としているからだ。それは、経済の向こう側の領域（あるいは、先に述べたように経済の背後）にあって、富を喰い尽くそうとする資本の衝動のことだ。

だが、資本主義に対する私たちの理解を拡張するとき、その見落としはすぐに改善される。なぜなら理解を拡張することで、公的経済と非経済的な背景条件の両方を取り込むことになり、この考えを採用すれば、資本主義のさまざまな矛盾を――社会的再生産にまつわる矛盾も含めて――概念化し、批判できるからだ。その点について説明しよう。

資本主義経済は、食事を与え、世話をし、社会的きずなを結んで深めるという相互作用を育む活動に依存している。フリーライド（ただ乗り）していると言ってもいいだろう。とはいえ、資本主義経済はそれらの活動の金銭的な価値を認めず、無償労働であるかのように扱う。資本主義の主体をかたちづくるこれらの活動は、「ケア」「情動労働」「主体化」など、さまざまな名前で呼ばれ、人間を具現化された自然的存在として維持するいっぽう、社会的存在としても構成し、活動の基盤となるハビトゥスと文化的精神《エートス》とをかたちづくる。このプロセスの中心は、若い世代を産み、社会化を促すことだ。そしてまた年配者の世話や家庭の切り盛り、コミュニティの構築を図るとともに、社会的協調を支える意味の共有を促し、情緒的な性向を養い、価値体系の豊かな広がりを育む。

このように範囲を拡大して理解すると、社会的再生産の労働はどの社会においても不可欠である。ところが、資本主義社会の場合、その労働はもっと特別な機能も担う。それは、労働者階級を生み出して補充し、搾取によって剰余価値を吸い上げることだ。したがって、ケア労働は資本主義システムが「生産的」と呼ぶ労働を生み出すが、ケア労働そのものは皮肉にも「非生産的」とみなされる。

もちろん、すべてではないにせよ、多くのケア労働の位置づけが、公的経済の価値蓄積の回路の外に――家庭に、地域社会に、市民社会制度に、公共機関に――あることは間違いない。たとえ有償で働いた場合でも、ほとんどが資本主義的な意味合いでの価値を生まない。だが場所に限らず、有償か無償かに限らず、社会的再生産の労働は資本主義が機能するためには不可欠である。生産的とみなされる賃金労働も、そこから引き出される剰余価値も、ケア労働なしには成り立たない。家事、子育て、学校活動、愛情のこもったケア、それらに関連するさまざまな活動。資本が必要とする、適切な質と量の労働人口を確保できるのも、社会的再生産の活動があってこそだ。資本主義社会の経済的生産にとって、社会的再生産は必須の前提条件なのだ[2]。

だが、少なくとも産業革命以降、資本主義社会は、社会的再生産の労働を経済的生産の労働から切り離してきた。そして、社会的再生産を女性と、経済的生産を男性と結びつけ、社会的再生産の活動を、あたかもそれ自体が尊いものであるかのように、情操という漠然としたもので包んでしまった。あるいは、それがうまくいかないときには、ほんの少額を支払う。ごくわずかな額を支払えば、それで十分であるかのように。その点が、資本のために直接行なう仕事とは異なる。生産の場合、労働者は（理論上は）生活できるだけの賃金を受け取る。このような方法によって、資本主義社会は、女性が従属する現代の新たなかたちの制度基盤をつくったのだ。

かつて女性の労働は認知されていた。ところが、資本主義社会は、より大きな人間活動の世界から再生産労働を切り離した。そのため、女性の労働は新たに制度化された家庭という領域に追いやられ、社会的な重要性は曖昧になり、新たにつくり出されたフェミニティ〔女性らしさ、女性の特質〕という靄《もや》に包まれてしまった。そして、金銭が権力の第一手段となった世界において、無償ないし低賃金であることがこの問題を決定的なものにした。つまり、再生産労働に携わる者は、公的経済で剰余価値を生み出す労働に従事して生活賃金を稼ぐ者に、構造的に従属する。たとえ再生産労働が生産労働を成り立たせるために不可欠な労働であろうと、その構造は変わらない。

そういうわけで、一般的に、資本主義社会は社会的再生産を経済的生産から切り離して女性の領域とし、その重要性と価値を漠然としたものにする。ところが逆説的なことに、資本主義社会は、公的経済を社会的再生産のプロセスに依存させておきながら、その価値を否認する。この「切り離し、依存しながら、否認する」という何とも奇妙な関係こそ、不安定化の原因だ。実際、これらの四つの言葉は矛盾をはらんでいる。資本主義経済の生産は単独では成り立たず、社会的再生産に依存している。そのいっぽう、飽くなき蓄積への衝動は、資本が――そして私たちが――必要とする再生産のプロセスと能力を不安定化する恐れがあり、それはやがて資本主義経済に必要な社会的条件を周期的に危険に陥れる。これについては後述しよう。

実際、資本主義社会の制度構造の奥深くには「社会的矛盾」がひそんでいる。マルクス主義者が強く主張した経済的矛盾と同じように、この社会的矛盾の根底にも危機を誘発しやすい傾向がある。だがこの場合、問題は資本主義経済の「内部に」あるのではない。生産と再生産とを切り離し（そしてつなぐ）境界に存在する。経済内でも家庭内でもなく、その二つの領域それぞれの〝文法と行動〟の規範論理のあいだで衝突が生まれる。もちろん、矛盾はあやふやにぼかされ、危機を誘発しやすい傾向はうやむやなままだ。ところが、矛盾が鮮明に浮かび上がるときがある。それは、蓄積の増殖に向かう資本の衝動が社会的基盤から解き放たれて背を向けるときだ。そのとき、経済的生産の論理が社会的再生産の論理を圧倒し、資本はみずからが依存するプロセスを不安定にし、長期にわたって蓄積を維持するために必要な、家庭と公共の社会的能力を弱体化させる。みずからを成り立たせる可能性の条件を破壊する資本蓄積の原動力は、まさに己の尻尾に喰らいつくウロボロスを模倣する。

### †ケアの大食漢である資本主義の歴史的闘争

この社会的矛盾は、ＤＮＡに刻まれた、資本主義全体に特有の矛盾である。だが、矛盾が現れるかたちは、資本主義システムの各発展段階で異なる。実際、資本主義において社会的再生産の構成は、しばしば政治論争の結果、歴史的に大きな変化を遂げてきた。特に危機の時代、社会的行為者は経済と社会との、生産と再生産との、仕事と家庭との境界をめぐって闘争し、ときには境界線の引き直しに成功する。第1章で「境界闘争」と名づけたこのような闘争は、左派がしばしば優先的に論じる生産場面での闘争と同じように、資本主義社会の中心に位置し、密接に関わり合っている。これらの闘争が生み出す変化は、きわめて重要な特徴を備えている。

そのような変化を前景とするとき、その視点が明らかにするのは「社会的再生産に依存する経済的生産」の四つの体制だ。その四つは、前章で考察した「人種差別に基づく蓄積」の四つの体制と合致し、互いに交差し、部分的に重なり合う。その四つとは、一六—一八世紀の重商資本主義体制、一九世紀のリベラルな植民地資本主義体制、二〇世紀中頃の国家管理型資本主義体制、そして現代の金融資本主義体制である。とはいえ、本章で注目するのは社会的再生産の作用だ。社会的再生産がどのように編成され、各体制のどこに位置づけられるのかに焦点を当てる。社会的再生産に従事する者は、どのような立場で携わるのか。家族の一員としてか。個人世帯で（無償ないし低賃金で）働く家事奉公人としてか。それとも営利企業の従業員、コミュニティの活動家や市民社会のボランティア、有給の公務員としてか。

どの体制においても、これらの問いには異なる答えが用意され、経済的生産に対する社会的再生産の条件は、どの時代にも異なる外見を装ってきた。危機の現象もまた時代ごとに異なるかたちで現れ、その現象を通して資本主義の社会的矛盾が露わになる。最終的に、どの体制でも矛盾は特有のかたちの社会闘争を誘発する。階級闘争だけでなく、境界闘争、そしてあとで述べるように解放を求める闘争もそうである。

## †植民地化と主婦化

まずは、一六―一八世紀の重商資本主義体制の社会的再生産について見ていこう。新たに出現した帝国主義の商業の中心地で、社会的きずなを築いて維持するという仕事は、それ以前の時代とほとんど変わりなかった。当時、社会的再生産の仕事は家族、親族、村のネットワークのなかにあり、慣習や教会によってその土地に根ざして行なわれた。国民国家の政策とはかけ離れ、価値の法則とも比較的、無縁だった。ところがそのいっぽう、周辺において、重商資本主義体制は資本主義以前の社会的きずなを荒々しく破壊した。小作人を略奪し、アフリカ人を奴隷にし、土着の人々から土地や財産を剝奪した。家族、親族、コミュニティのささやかな暮らしのことなど、まるでおかまいなしだった。その後に起きた抵抗運動は、資本主義の歴史において社会的再生産をめぐる闘争の第一段階だった。

周辺の社会に対するこのような暴力的な攻撃は、一九世紀のリベラルな植民地資本主義の体制下でも続き、それに伴い、ヨーロッパの国家は植民地支配を盤石なものとした。だが、本国では劇的な変化が起きていた。資本主義の中核にある初期の産業の中心地において、製造業者が安い労働力と扱いやすさにつけこんで、女性と児童を工場や炭鉱で強制的に働かせたのである。劣悪な環境で長時間働かされたあげく、微々たる賃金しか支払われない女性と児童は、生産性を下支えする社会的関係と能力とを、資本が軽視する象徴となった[3]。

このように、生産と再生産の至上命令は、まったく矛盾しているように見えた。その結果、少なくとも二つのレベルで危機が生じた。一つは、貧困層や労働者階級の社会的再生産の危機である。生計を立て明日への活力を養う能力は、もはや限界に達していた。もう一つは、中産階級のモラルパニックである。家族の崩壊やプロレタリア階級の女性の脱性化と映る社会現象に、中産階級が憤慨したのだ。その状況のあまりのひどさに、マルクスとエンゲルスのような観察眼の鋭い思想家でさえ、初期に起きた経済的生産と社会的再生産の真っ向からの衝突を、最終的な結論だと早合点した。資本主義が末期の危機状態に入ったと取り違え、資本主義システムが労働者階級の家庭をずたずたに引き裂き、女性を抑圧する基盤を根絶しているとまで思い込んだのだ[4]。

ところが、実際に起きたことはその反対だった。やがて、資本主義社会はその矛盾を解消する資源を見つけ出した。近代的な狭いかたちの「家族」を考え出し、性差を際立たせる新たな意味をつくり出し、男性支配を近代化することによって、矛盾を解消しようとしたのである。

そのような調整のプロセスは、ヨーロッパの中核で労働保護法の制定とともに始まった。目的は、工場で働く女性と児童の労働の搾取を制限し、社会的再生産を安定させることだった。[5]だが、中産階級の改革主義者が先頭に立ち、当時、登場し始めたばかりの労働者組織と連携したこの〝解決策〟には、さまざまな動機が複雑に入り混じっていた。経済史家で人類学者のカール・ポランニーの有名な言葉を借りれば、目標の一つは「経済から社会を防衛する」ことだった。ポランニーが「二重の運動」(市場が拡張しようとする力と、それを制限しようとする力が衝突する、二つの方向性のこと)と呼んだ重大な闘いのなかで、自由市場主義者と社会保護主義者とが闘った。[6]もう一つの目標は、「ジェンダーの平準化」をめぐる懸念を緩和することだった。だが、この動機はまた別の要素とも絡み合っていた。それは、女性と子どもに対して——特に家庭内において——男性の権威を守ることだった。[7]そのため、社会的再生産の完全性を保つための闘争は、男性支配を守ることと深く絡み合う結果となってしまった。

とはいえ、そこで意図された効果は、資本主義の中核において社会的矛盾を弱めることだった。それと同時に、周辺では奴隷制度と植民地主義によって社会的矛盾が極度に高まった。植民地化の裏面として、フェミニストの社会学者マリア・ミースが「主婦化」と呼んだ現象をつくり出すために[8]、リベラルな植民地資本主義は、切り離された領域というジェンダー上の新たな想像物を念入りに考え出した。女性を「家庭の天使」として描くことで、その提唱者たちは、変動しやすい経済を安定させるバラスト（重し）をつくり出そうとしたのだ。熾烈な生産世界を、「無情な世界の安息の地」が支えているというわけである[9]。男性も女性も指定された場所にすっぽりと収まり、互いに相手の補完物として機能している限り、衝突の可能性が表面化することはないだろう。

実のところ、この〝解決策〟はいささか頼りなかった。労働保護法は、労働の再生産を確実には保護できなかった。なぜなら、家族を養うために必要な額を賃金が下まわったままだったからだ。それに、大気汚染のひどい地区に建つ、プライバシーもあったものではない狭い安アパートに住んで、生殖能力を失い、健康を害し、早死にする者も多かった。さらには雇用自体が（そもそも仕事にありつければ、の話だが）、企業破綻、株価暴落、金融恐慌の煽りをまともに受けた。労働者もそのような法整備には満足しなかった。賃金の値上げと労働条件の改善を求めて闘い、労働組合をつくり、ストライキを決行し、労働党や社会党の党員になった。さまざまな階級闘争の激化に巻き込まれ、資本主義の行く手は危うく見えた。

切り離された領域も同じように問題だらけだった。人種差別される貧しい労働者階級の女性は、ヴィクトリア女王時代の家庭生活の理想を満たす立場にはほど遠かった。たとえ労働保護法のおかげで直接の搾取は軽減されたとしても、失った賃金に対する物質的な支援も補償もなかった。中産階級の女性は、ヴィクトリア女王時代の理想には適合したかもしれない。とはいえ、彼女たちもみずからの境遇につねに満足していたわけではない。物質的な豊かさに恵まれ、高い道徳性も備えていたが、法的な意味ではマイノリティで制度的に依存していた。どちらの場合も、切り離された領域という〝解決策〟は、たいてい女性側に犠牲を強いた。それはまた対立も招いた。売春をめぐる一九世紀の闘争では、〝堕落した妹たち〟の物質的な利益に対して、中産階級の女性たちは、博愛精神に満ちた懸念を一致団結して表明した。[10]

いっぽうの周辺では別の原動力が働いていた。採取植民地主義が被征服民を蹂躙《じゅうりん》しようと、そこには切り離された領域もなければ、社会的保護もまったくなかった。現地の社会的再生産関係の保護に務めるどころか、本国の権力は破壊の限りを尽くした。小作人は略奪され、コミュニティはめちゃくちゃにされた。それは安価な食料や衣料、鉱石、エネルギーを本国に供給するためであり、それらなしには、本国の産業労働者を搾取しても、あれほどの利益をあげることはなかっただろう。

また南北アメリカでは、奴隷女性の再生産能力は容赦なく搾り取られ、プランテーション経営者の利潤追求に利用され、家族は当然のように引き裂かれた。家族は一人ずつ、たいてい遠く離れた別々の所有者のもとに売られていった。[11] 現地の子どもたちはコミュニティから無理やり引き剝がされて、キリスト教の学校に入れられ、強制的な同化教育を受けた。[12] 合理的な説明が求められたとき、擁護者たちがすらすらと引き合いに出したのは、現地の女性たちが置かれた状況に、不自然なかたちの権利を与えることだった。彼女たちが暮らしているのは、西洋的でないジェンダー関係の、遅れた家父長制の国なのだ。このジェンダー関係を利用した正当化は、植民地のインドでは大いに効果を発揮した。博愛精神に満ちた英国人女性は公式な声明で、「白人の男性たちが茶色い女性たちを茶色い男性たちから救い出」すように促した。[13]

### フェミニストの苦闘

中核と周辺のどちらにおいても、フェミニズム運動は政治の地雷原を慎重に歩んだ。リベラルなフェミニストは、夫の庇護も切り離された領域も拒否すると同時に、投票権、セックスの拒絶、財産の所有、契約の締結、さらには職業を持ち、自分で稼いだ賃金を自分で管理する権利を要求した。リベラルなフェミニストは、いかにも女性らしい慈愛に満ちた姿という理想ではなく、男性がコード化した自立という願望に価値を見出したようだった。そして、少なくともこの点について言えば、社会主義フェミニストも事実上、同意した。女性が賃金労働に就くことを解放の道と考え、社会主義フェミニストもまた、再生産に伴う価値ではなく、生産と関係のある価値を選んだ。これらのジェンダーに付随する意味が、イデオロギー的だったことは間違いない。だが、その背後には直感的な真実があった。それは、フェミニストが選んだ価値が、新たな支配のかたちをもたらしたにせよ、資本主義が伝統的な血縁関係を蝕んだことに、解放に向かう契機があったという点だ。

その状況において、フェミニストはダブルバインドに陥った。多くの者は、ポランニーの「二重の運動」のどちらの側にも慰めらしきものを見出せなかった。社会を保護する側——男性支配への帰属——も、市場化の側——社会的再生産の軽視——も、フェミニストの役には立たなかった。リベラルな秩序を単純に拒絶することも、そっくりそのまま受け入れることもできず、一部の者は三番目の方向性を考え出し、それを解放と呼んだ。フェミニストがその言葉を確実に具現化できる範囲において、彼女たちはポランニーの双方向の図式を打破し、その図式を三つの運動にうまく変化させた。[14] この三つ巴の衝突において、社会保護の擁護者と市場化の擁護者は互いに衝突しただけでなく、解放運動の熱心な支持者とも衝突した。もちろん、フェミニストとも。さらには社会主義者、奴隷制廃止論者、反植民地主義者とも。彼らはみな、たとえそれぞれが互いに衝突しているときでさえ、ポランニーの二つの方向性が争うように仕向けた。

理論上は可能に思えても、そのような戦略を実践するとなると難しい。「経済から社会を保護する」という試みが、ジェンダー・ヒエラルキーの防衛と捉えられる限り、男性支配に対するフェミニストの抵抗が、間違って読み取られるのは簡単だ。そしてその通り、フェミニストの抵抗は、労働者階級を破壊し、周辺のコミュニティを破壊している経済力を承認するものと読み取られてしまった。そのような影響は驚くほど長く続く。列強間の戦争、不況、国際金融の混乱のただなかで、リベラルな植民地資本主義がさまざまな矛盾の重みで崩壊したあとも、さらには二〇世紀に、リベラルな植民地資本主義がついに新たな体制に道を譲ったあとも、そのような連想は長く生き残った。

### †フォーディズムと家族賃金

そして、国家管理型資本主義の時代に入った。世界恐慌と第二次世界大戦から復興を遂げ、この体制はまったく新しい方法で、経済的生産と社会再生産の矛盾を解消しようとした。再生産に対する協力を、国家権力に求めたのだ。この時代の国家は、のちに社会福祉と呼ばれる公的責任の一端を担い、搾取と大量失業が社会的再生産に及ぼす甚大な影響を和らげようとした。この目的は、資本主義の中核にある民主主義の福祉国家でも、宗主国から独立してまもない周辺の開発途上国でも、同じように受け入れられた。もちろん、実行能力は同じではなかったが。

動機はまたしても複雑だった。やがて、賢明なエリート層は、最大限の利益を絞り取るという資本の短期利益を、蓄積を長く維持するための長期的要件よりも下に位置づける必要を確信した。国家管理型体制を築く際に重要なのは、みずからを不安定化させる資本主義の傾向から、そしてまた大量動員の時代に革命が起きることへの不安から、資本主義システムを守ることだった。生産性と収益性を確保するためには、資本主義システムに利害関係を持ち、健康で高い教育を受けた労働力を生政治に基づいて育成し、革命を志向する、くたびれた下層階級に対抗させなければならなかった。[15] 保健医療、学校教育、育児、年金（これを企業積立が補う）などの公共投資を必需と考える時代に、資本関係は社会生活に深く浸透し、労働者階級はもはや自力で再生産する手段を持たなくなった。このような状況において、社会的再生産は内在化され、公的に管理された資本主義秩序のなかに持ち込まれる必要があった。

その計画は、経済が「要求する」新たな課題とぴたりと合致した。この資本主義に特有の景気変動を平準化するという課題のために、経済改革論者は、資本主義の中核にある労働者に消費者の役もあてがうことで、継続的な成長を確保しようとした。政策立案者はこのとき、労働組合化（賃金上昇をもたらした）と公的部門の支出（雇用を創出した）を受け入れるとともに、大量生産の日常品を消費する私的な場所として、世帯をつくり変えた。[16] 工場の組み立てラインを、いっぽうでは労働者階級の家庭の大量消費主義と、そしてもういっぽうでは国家が支援する再生産と結びつけたのだ。「フォーディズム」と呼ばれたこのモデルは、市場化と社会保護の新たな統合体をつくり上げた。ポランニーが、両立しないと考えていた統合体である。

ところが、女性か男性かに限らず、公的支援をめぐる闘いの先頭に立っていたのは労働者階級だった。それには彼らなりの理由があった。労働者階級にとって重要なのは、民主的な市民として社会に正式参加することだった。それゆえ、彼らは安定した家庭生活には品位、権利、世間的な体面に加えて、安全性や物質的満足が必要だと理解した。労働者階級は社会民主主義を受け入れ、経済的生産の激烈なダイナミズムではなく、社会的再生産の価値を選んだ。事実上、家庭、国家、生活世界に投票し、工場、システム、機械に反対票を投じたことになる。

それ以前の労働保護法と違って、国家管理型資本主義の合意は階級妥協から生まれ、それは民主主義の進歩を象徴した。新たな制度はまた、それ以前の制度とは違って、少なくともしばらくのあいだは、一部の者にとって社会的再生産を安定させる役に立った。資本主義の中核で暮らす多数派民族の労働者にとって、新たな制度は家庭生活に対する物理的圧力を和らげ、政治への組み入れを促した。

だが、黄金時代の到来を性急に宣言する前に知っておくべきは、それが特定の構成要素の除外によって可能になったという点だ。中核において、社会的再生産の防衛は依然、（新）帝国主義と密接な関係にあった。フォーディズム体制は社会保障の一部を、周辺――「中核のなかの周辺」も含む――からの収奪によって賄っていた。植民地が独立したあとも、新旧二つのかたちの収奪は続いた。[17]

そのいっぽう、冷戦に巻き込まれた独立後の旧植民地国家は、すでに帝国の略奪によって激減していた資源を、今度は自国の大規模な開発計画に充てた。それはたいてい、旧植民地国家が必然的に〝自国〟の住民を収奪することを意味した。周辺に暮らす圧倒的大多数の者にとって、社会的再生産は統治という範囲の外に放り置かれたままであり、地元の住民はみずからを養うほかなかった。

第2章で述べたように、リベラルな植民地体制と同じく国家管理型体制も、人種的ヒエラルキーと複雑に絡み合っていた。たとえばアメリカの社会保険は、家庭内で働く者と農業従事者を除外することで、事実上、多くのアフリカ系アメリカ人を社会保障制度から締め出したのである。[18] 奴隷制時代に始まった再生産労働の人種的な分離は、ジム・クロウ制度の下、新たなかたちで現れた。有色人種の女性が、「白人」家庭の子守り女や掃除婦という低賃金の仕事を見つけたのだ。だが、それは彼女たち自身の生活を犠牲にしての話だった。[19]

そして次章で述べるように、国家管理型資本主義体制は、内燃機関と精製油を軸とする、新たな産業エネルギー複合体の上に成り立っていた。その結果、グローバル・ノースが手にした社会的再生産の利益は――もちろんグローバル・サウスだけではなかったが、とりわけその地域に対する――大規模な生態系の破壊を基盤としていた〔「グローバル・ノース」は、グローバル化の恩恵を受ける、おもに北半球の経済的に豊かな地域や住民。「グローバル・サウス」はその被害を受ける、おもに南半球の地域や住民〕。

これらの制度には、人種的ヒエラルキーだけでなく、ジェンダー・ヒエラルキーも存在した。だいたい一九三〇年代から一九五〇年代の末頃まで、フェミニズム運動が世間の注目をほとんど集めなかった時代に、労働者階級の尊厳に必要なのは「家族賃金」、家庭内の男性の権威、断固たる性差の意識だという考えに、異議を唱える者はめったにいなかった。その結果、中核に位置する国家管理型資本主義には幅広い共通点があった。男性が働いて家に稼ぎを入れ、女性が家庭を守るという家族モデルである。彼らはジェンダー化された家族モデルの異性愛規範に価値を見出し、国家管理型資本主義は社会的再生産に公的に投資し、規範を強化した。

アメリカは、二つのかたちの福祉制度を提供した。一つは、烙印を押された貧困者向けの救済策として。対象は、男性の賃金が得られない（ほとんどが「白人」の）女性と子どもたち。もう一つが、何ら恥じるところのない社会保険。こちらの対象は（ほとんどが「白人」の男性）労働者たち。[20]これに対してヨーロッパの制度は、男性優位のヒエラルキーをアメリカとは違うかたちで確立した。母子年金と、賃金労働に伴う社会保障受給とを区別したのである。多くの場合、その根底には国家間の競争が生んだ、産児増加擁護者たちの提案があった。[21]アメリカとヨーロッパのどちらのモデルも、家族賃金を正当化し、前提とし、奨励した。仕事と家庭について男性中心の視点で制度をつくり、異性愛規範、性別二元主義、ジェンダー・ヒエラルキーを取り入れ、それに伴う不平等を政治論争からあらかた排除してしまった。

以上のすべての点で、社会民主主義は解放を犠牲にして、社会保護と市場化との同盟を成立させ、これによってその後の数十年間、資本主義の社会的矛盾を緩和した。ところが、国家管理型資本主義体制が徐々に綻び始めた。まずは一九六〇年代、政治的に。世界のあちこちでニューレフトが登場し、解放の名の下に、国家管理型資本主義の帝国主義やジェンダー、人種差別に基づく特定の対象の排除や、官僚制的パターナリズム（家父長主義）に反対を突きつけた。続いて一九七〇年代には、経済的に。スタグフレーション（景気停滞＋インフレ）、「生産性の危機」、製造業の利益率の低下という経済動向を受けて、市場化の枷《かせ》を外そうとする新自由主義者の取り組みに弾みがついた。新自由主義と市場化が手を組んだのであれば、犠牲になるのはもちろん社会保護だっただろう。

## †共働き世帯

一つ前のリベラルな植民地資本主義体制と同じように、国家管理型資本主義秩序も長引く危機を経て消滅した。一九八〇年代に入る頃には、先見の明がある観察者は、徐々に明らかになる新たな体制の輪郭が、現在の金融資本主義のかたちをとり始めたことに気づいた。グローバル化と新自由主義のこの体制は、国家と企業に社会福祉を削減するよう促すとともに、大量の女性を有償労働に勧誘した。女性がケア労働に割く時間は減り、ケア労働を家庭やコミュニティに外部化した。その結果、新たに社会的再生産の二重の体系が誕生する。支払える者には商品化された社会的再生産を、支払えない者には民営化された社会的再生産を供給したのだ。支払えない者のなかには、支払える者のために（低）賃金でケア労働を行なう者も現れる。そのいっぽう、フェミニストの批判と産業の空洞化というダブルパンチによって、もはや家族賃金だけで生活するというモデルは成り立たなくなった。こうして社会民主主義の理想は、今日の「共働き世帯」という新自由主義の規範に道を譲った。

このような状況の大きな推進力であり、金融資本主義体制の決定的な特徴とも言えるのが、債務を中心とする新たな構造である。これについては第5章で詳しく述べるが、債務はグローバルな金融機関が国家に圧力をかける手段だ。社会支出を削減し、緊縮政策を推し進めるよう、そしてまた、身を守るすべを持たない住民から――たいてい投資家と共謀して――価値を絞り取るよう、国家に圧力をかけるときに使われる。グローバル・サウスの農業従事者が収奪されるのも、だいたい債務を通してだ。彼らが土地を奪われたのは、エネルギー、水、耕作地、「カーボン・オフセット」の独占的な供給を目的とする企業が繰り広げる、新たな土地収奪ラウンドによってだった。

さらに、歴史的に重要な中核でいまなお続く蓄積も、債務を介したケースが増えている。労働組合に守られた産業労働に代わって、低賃金の不安定なサービス産業労働が増えるのに伴い、支払われる賃金の額は、再生産に必要な社会的費用を下まわる。こうした「ギグエコノミー」において消費者支出を継続させるためには、消費者信用を拡大させなければならない。そのため、債務は指数関数的に増大する。[22]言い換えれば、資本はいまや、ますます債務を通して、飽くなき食欲で労働を貪り喰い、国家に市場の規律を守らせ、周辺から中核へと富を移転し、世帯、家庭、コミュニティ、自然から価値を吸い上げている。

その結果、資本主義に本来備わった、経済的生産と社会的再生産との矛盾が強まる。国家管理型資本主義体制は、企業の短期利益を、持続的な蓄積という長期目標よりも下に位置づける権限を国家に与えていた。その方法の一つは、公的支援を通して再生産を安定させることだった。これに対して、金融資本主義では、国家と国民を市場の規律に従わせる権限を金融資本に与え、個人投資家の直接の利益を守る。その方法として、特に社会的再生産に対する支出の削減を要求した。国家管理型資本主義体制は、市場化と社会の保護を結びつけて解放に対抗したが、金融資本主義体制はそれ以上に倒錯した構図を生み出し、解放と市場化が手を組んだことで、社会の保護は徐々に損なわれていった。

金融資本主義体制は、次の二つの闘争が運命的に交差して登場した。一つは、上昇気流に乗る自由市場主義者と、中核の国家において勢いを失いつつあった労働運動との闘争だ。前者は、資本主義経済の自由化とグローバル化を志向し、いっぽう、かつて社会民主主義の最も強力な支持基盤だった後者の労働運動は、完全な敗北とは言わないまでも、守勢にまわっている。そしてもう一つは、進歩的な「新しい社会運動」と、確立した生活世界や（控えめな）特権を守ろうとする人々との闘争である。前者の社会運動はジェンダー、生物学的性、「人種」、民族、宗教のヒエラルキーに異を唱え、後者の人々は、新しい経済の「コスモポリタニズム」に脅かされている。

この二つの闘争が衝突して誕生したのが、進歩的新自由主義という意外な結果だ。「多様性」、能力主義、「解放」を称え、社会の保護を廃し、社会再生産を再外部化している。その結果、資本の捕食から身を守るすべのない人々を放棄するだけではなく、市場の言葉で解放を定義し直している。[23]

このプロセスに解放運動が加わった。反人種差別、多文化主義、LGBTQ解放、環境主義など、ありとあらゆる解放運動が、市場に優しい新自由主義のおびただしい流れを生み出した。だが、ジェンダーや社会的再生産と資本主義との長きにわたる、もつれた関係を考えれば、フェミニストの軌跡はとりわけ運命的だった。それ以前のどの体制もそうだったように、金融資本主義もジェンダーを基盤に生産と再生産の分離を制度化したが、それ以前の体制と違って、金融資本主義においておもにフェミニストたちが思い描いたのは、リベラルな個人主義者とジェンダー平等主義者だった。女性は本来、あらゆる分野で男性と平等のはずであり、才能を発揮する平等な機会が得られて当然だ、というわけである。

フェミニストの考える才能には——とりわけ——生産分野が含まれるのだろう。対照的に、再生産は後進的な残り滓のように、解放への道を塞ぐ障害に思える。前へ進むためには、なんとしてでも振り落とさなければならない障害に。

フェミニストが発するそのような独特のオーラにもかかわらず、あるいはおそらくその特別なオーラゆえ、このリベラルなイデオロギーは、現代資本主義の社会的矛盾の縮図として、これまでにない苛烈さをまとっている。金融資本主義は公的支援を削減し、女性を賃金仕事に勧誘しただけではない。実質賃金も削減したため、一つの世帯が家族を養うために必要な有償の労働時間が増え、それまで家庭内で行なっていたケア労働を、ほかの誰かに託さざるをえない状況をつくり出した[24]。

そのケアの空白を埋めるために、金融資本主義体制は貧しい国から裕福な国へと出稼ぎ労働者を送り込んだ。案の定、移民は特定の人種に偏っていた。貧しい国の辺鄙な地域の女性が多く、彼女たちが就いたのは、以前なら自分たちよりも、もっと特権的な立場にある女性が行なっていた再生産の労働とケア労働だった。ところが、そのために出稼ぎの女性は、自分の家族の世話やコミュニティの責任を誰かほかの人間に、自分よりもさらに貧しい者に委ねなければならなかった。そして、その女性もまた同様にせざるを得ず、それが延々と繰り返され……。そこにあるのは、際限なく続くグローバル規模のケアの連鎖だ。

ケアの空白を埋めるどころか、それは裕福な家庭から貧困家庭への、グローバル・ノースからグローバル・サウスへの空白の置き換えにすぎなかった。[25]

このシナリオは、IMFの「構造調整プログラム」の対象になった、貧困と債務に陥った旧植民地国家のジェンダー戦略に合致する。そのような国の一部は、外貨を稼ぎたい一心で、有償のケア労働に就く女性の出稼ぎ労働を積極的に奨励し、仕送りを期待した。また別の国は、輸出加工区（EPZ）を設置して海外から直接投資を呼び込んだ。主流を占めたのは、女性労働者の雇用が好まれる繊維・縫製や電子部品組み立てなどの産業である。[26] どちらのケースも、社会的再生産の時間をますます削り取ってしまう。

## †社会的再生産をめぐる境界闘争

アメリカには、事態の深刻さを物語る二つの新たな動向がある。一つは、卵子凍結サービスの人気の高まりだ。IT企業では、通常一万ドルもするこの治療費を、きわめて有能な高給取りの女性従業員に福利厚生の一つとして支給する。優秀な人材を獲得し、離職を防ぐ必死の試みとして、アップルやフェイスブック（現メタ）のような企業では、出産を遅らせる強力なインセンティブを提供する。実際にこう勧めているほどだ。「子どもを持つのを四〇代、五〇代、あるいは六〇代まで待ってほしい。あなたのエネルギッシュで生産的な年代を私たちに捧げてほしい[27]」。

そして、生産と再生産の矛盾が同じくらいよく現れている二つ目の動向は、電動ポンプの高級ハイテク搾乳器の普及だ。これは、女性の労働参加率は高いものの、女性か男性に有給の産休を義務づける制度がなく、テクノロジー製品を好んで使いたがる国で人気の解決策である。そのような国では、省くわけにはいかない授乳が、かつてとはまるで違うかたちになってしまった。いまの「授乳」はもはや赤ん坊に直接、乳を含ませることではなく、ハイテク装置で搾乳してボトルに保存し、あとで乳母に与えてもらうことを意味する。自分の時間が圧倒的に足りない母親の場合、ダブルカップのハンズフリー電動ポンプは、オフィスに向かって高速道路を運転中に、両方の乳房から搾乳してくれるという理想的な装置である[28]。

このようなプレッシャーを考えれば、近年、社会的再生産をめぐる闘争が勃発したところで誰も驚かないだろう。先進国のフェミニストはよく、自分たちは「仕事と家庭のバランス」に焦点を合わせていると主張する[29]。だが、社会的再生産をめぐる闘争の範囲はそれだけではない。住居、医療、食の安全、無条件のベーシック・インカム、生活賃金をめぐるコミュニティ運動。あるいは移民、家庭内労働者、公務員の権利を勝ち取る闘争。営利目的の介護施設、病院、保育所などのサービス部門で労働組合の結成を目指す運動。デイケアセンターや高齢者介護センターなどの公共サービスや、週労働時間の削減、男女を問わず有給の産休・育休を勝ち取る闘争など。結局のところ、これらの主張は生産と再生産との関係を大がかりに再編成する必要性を意味する。階級、ジェンダー、セクシュアリティ、肌の色にかかわらず、すべての人が安全で、興味が持て、適正な報酬が支払われる仕事と社会的再生産活動とを両立できる社会的解決策が求められている。

経済的生産をめぐる（狭義の）階級闘争がそうであるように、社会的再生産をめぐる境界闘争も、現在の危機的状況の中心にある。とりわけこの境界闘争は、金融資本主義の構造力学を原因とする「ケアの危機」に対する反応だ。グローバル化し、債務によって勢いを増す金融資本主義は、社会的つながりの維持に使われる能力や時間を大々的に貪り喰う。「共働き世帯」という新たな理想を称賛し、解放運動に活力を吹き込む。解放運動は市場化の擁護者と手を組み、社会の保護を目指す熱心な支持者と敵対し、いまやますます怒りに満ち、狂信的に振る舞っている。

## †もう一つの資本主義、あるいは新たな社会主義フェミニズムか

いまの危機から何が生まれるのだろうか。資本主義社会は、その歴史のなかで何度もみずからをつくり変えてきた。特に政治的、経済的、生態学的、社会的再生産的な矛盾など

複数の矛盾が集まり、資本主義の全般的な危機が起きたときには、境界闘争が勃発してきた。そこは、資本主義の構成要素が制度によって分割された場所であり、経済が政体と、社会が自然と、搾取が収奪と、生産が再生産と接する場所である。そのような境界で社会的行為者は集結し、資本主義社会の制度的地図を描き直してきた。彼らの努力が、資本主義の変化を推し進めてきた。まずは近代初期の重商資本主義から一九世紀のリベラルな植民地資本主義へと、さらに二〇世紀の国家管理型資本主義を経て現在の金融資本主義へと。

歴史的に見ても、資本主義の社会的矛盾は、危機を引き起こす重要な要素をつくり出してきた。そして、闘争が起きて、重大な結果を生むおもな場所として経済的生産と社会的再生産を隔てる境界が浮上した。どの体制においても、資本主義社会のジェンダー秩序は議論の的だった。そしてその結果は、先にも述べた通り、市場化、社会的再生産、解放という三つの運動のあいだで、どのような同盟関係が結ばれるかによって大きく左右された。これらの力学が、まずは「切り離された領域」から「家族賃金」へ、さらに「共働きモデル」へと変化を推し進めてきた。

いまの状況のあとに何が起きるのだろうか。金融資本主義の現在の矛盾は、全般的な危機と呼べるほどに深刻だろうか。資本主義社会の次の大きな変化が起こることを予期すべきなのか。いまの危機は、十分な幅と視野を持つ闘争を刺激し、今日の体制を変化させるのだろうか。〝社会主義〟フェミニズムの新たなかたちは、主流の運動と市場化との蜜月状態をうまく破壊して、解放と社会の保護との新たな同盟関係を築くのだろうか。その可能性があるとして、その目的は何か。今日、生産と再生産との分離をどのようにつくり直すのか。共稼ぎ世帯に置き換わるのは、どんなかたちだろうか。

私が本章で述べたことは、これらの問いに答えるために直接役立つわけではない。だが、問いを提起するための土台を用意することで、現在の状況を支える構造的、歴史的な基盤を明らかにしようとした。本章で強く示唆したように、今日の「ケアの危機」の根源には、資本主義に本来備わった社会的矛盾がある。もっと言えば、今日の深刻な矛盾に、現在の金融資本主義にある。もしこの考えが正しいなら、社会政策をあれこれいじったところで危機は解決しない。現在の社会秩序を根本から構造的に変えることでしか、解決へと至る道はない。とりわけ重要なのは、再生産を生産よりも下に位置づける、金融資本主義の強欲な構造を克服することである。だがこのとき、解放も社会の保護も犠牲にしてはならない。つまり、生産と再生産の現在の区分をつくり直し、ジェンダー秩序を新たに思い描くことだ。その結果がはたして資本主義と両立するのか。それについては、いまはまだわからない。

そしてまた、自然を喰い尽くさずに社会的再生産を育む、新たな社会秩序をどう思い描くのか。はたして思い描けるのかどうか。これについても、いまのところはわからない。

それが次章のテーマである。

第4章

# 呑み込まれた自然

――生態学的政治はなぜ環境を超えて反資本主義なのか

## †グリーンに染まる政治的行為者たち

気候政治が舞台の中央にのぼった。気候変動問題を執拗に否認する声はなくならないが、さまざまな色合いの政治的行為者はグリーンに変わりつつある。若い世代の活動家は、地球温暖化によって人類は重大な危機に瀕していると訴える。大人は私たちの未来を盗んでいる――好戦的な若者は、そう激しい非難を浴びせる。あらゆる手を尽くして地球を救うのは、当然の権利であり義務ではないか、と。同時に、脱成長の運動も勢いを増している。大量消費主義のライフスタイルが、人々を底知れぬ破滅の淵に追い込んでいると考え、生活様式の転換を模索する。

同じように、北か南かを問わず、先住民や旧植民地のコミュニティは、問題の原因が生態学的なものにあることが、最近になってようやく認められたおかげで、幅広い支援が得られるようになった。居住環境や生計手段、生活方法を、植民地侵略や企業の採取主義から守るために長く闘ってきた彼らは、今日、道具を使わずに自然と関わる方法を探る人たちとのあいだに、新たな同盟を見つけた。

フェミニストもまた、長く懸念してきた生態系の問題に改めて切迫感を覚えている。フェミニストは女性蔑視と地球軽視とを心理歴史学的に結びつけ、社会的再生産と自然の再生産を維持する生活形式を擁護する。また、反人種差別主義者の新たな積極的行動主義の波は、環境正義を目標に加えた。ムーヴメント・フォー・ブラック・ライブズという団体が訴える、「警察予算の削減」が意味するところは、巨額の予算を有色人種のコミュニティに振り向けよという要求である。これには、健康被害を招く河川の有害堆積物の除去も含まれる。

最近、新自由主義に加担するか士気をくじかれた社会民主主義者でさえ、気候政治に新たな活路を見出し始めた。そこには、みずからをグリーン・ニューディールの擁護者と位置づけ、再生可能エネルギーへの移行と、高い報酬を保証する組合の仕事とを結びつけることで、失った労働者階級からの支持を取り戻したいという思惑がある。右派ポピュリストのなかにも、後れをとるまいと、環境問題に強い関心を持つ者が現れた。彼らはエコロジーと狂信的愛国主義とを結びつけ、(人種差別の対象である)「他者」を排斥することで、〝自分たち〟の自然環境と天然資源の保護を訴える。

グローバル・サウスの勢力もまた、さまざまな最前線で積極的な活動を繰り広げる。たとえば「成長の権利」を主張する者がいる。彼らは、環境問題の緩和策は、過去二〇〇年にわたって温室効果ガスを撒き散らした、グローバル・ノースの経済大国が負担すべきだと主張する。あるいは、コモンズや社会的連帯経済の支持者もいる。さらには、環境主義のマントをはおり、新自由主義のカーボン・オフセット計画に乗じて、土地を囲い込み、住民から土地を取り上げ、新たなかたちの独占的レント（地代）を手に入れようと企む者もいる。

最後に忘れてはならないのは、企業や金融業界の利害関係者が積極的に投資していることだ。活況を呈するエコ商品に投機して、彼らはたっぷりの利益を手にする。エコ商品に投資が集まるのは、金銭的利益を狙ってのことだけではない。そこには政治的な思惑も絡んでいる。市場中心で資本に都合のいい、グローバルな気候体制が続くことを願っているのだ。

ひとことで言えば、生態学的政治（エコロジーをめぐる政治）は幅広い分野の課題になった。気候変動はいまや、環境運動という単独の分野に限った問題ではないため、どの政治的行為者もみずからの立場を明確にしなければならない緊急課題のように思える。気候変動は、相対する多くの議題に組み込まれて、それぞれの関心や責任に応じてさまざまに解釈される。その結果、表向きは意見の一致をみているかに見えて、一皮めくれば異論が激しく渦巻いている。地球温暖化を、いままさに地球上で起きている、生命を脅かす現実として捉える人が増えているいっぽうで、地球温暖化の原因が社会的な要因にあるという共通認識はない。地球温暖化に歯止めをかけるためには、社会を変える必要があるという考えにも反対する。彼らは（多かれ少なかれ）科学を受け入れる。とはいえ、政治についてどうかと言えば（少ないどころか大いに）意見を異にする。

実のところ、「受け入れる」とか「意見を異にする」などの言葉は、実情を正しく捉えていない。今日の生態学的政治は深刻な危機のなかで進展するとともに、その危機にこそ特徴がある。それが生態学的な危機であることは間違いない。だが、それはまた経済、社会、政治、公衆衛生上の危機でもある。すなわち全般的な危機であり、その影響はあちこちに転移し、既存の世界観に疑問を投げかけ、支配層の自信を揺るがす。それがヘゲモニーの危機を生み、公共空間で無法にふるまう者が現れる。政治分野はいま、型破りな選択肢を排除するこれまでの常識を打ち破り、よりすぐれた政策はもちろん、新しい政治プロジェクトや生活様式を模索する場所でもある。

そのような不穏な空気が色濃く漂い始めたのは、新型コロナウイルス感染症が流行するずっと前だったが、パンデミックを機にその傾向に拍車がかかった。不穏な空気は生態学的政治に充満し、政治は必然的にその空気のなかで進展する。結果的に、気候変動問題をめぐる意見の不一致は緊張をはらむ。地球の運命が危機に瀕しているから〝だけ〟ではない。残された時間が少ないから〝だけ〟でもない。政治情勢もまた、乱気流に見舞われているからである。

## †生態学的政治と資本主義

この状況で地球を守るために必要なのは、対抗ヘゲモニーを築くことだ。言い換えれば、現在のような意見の不協和音を生態学的政治の常識へと変換し、広く共有される変革のプロジェクトへと向かわせなければならない。確かに、そのような常識は、対立するさまざまな考えのなかを突き進まなければならず、地球温暖化に歯止めをかけるためには、社会の何を変えるべきかを具体的に突き止めなければならない――気候科学の信頼性の高い発見を、同じくらい信頼性の高い説明にうまく結びつけ、気候変動を悪化させた社会歴史的な推進力を明らかにする。

だが、ヘゲモニーに対抗するためには、新たな常識は「環境面だけ」にとどまっていてはならない。全般的な危機のあらゆる範囲に取り組むためには、生態学的な診断結果を、ほかの重大な問題と結びつける必要がある。たとえば、不安定な生計や労働者の権利の否認。社会的再生産に対する公的支援の削減や、ケア労働に対する慢性的な評価の低さ。特定の民族や人種に対する帝国主義に基づいた抑圧、ジェンダー支配と性支配。土地や財産の剝奪、追い立て、移民排斥。市民の武装化、政治的権威主義、警官の暴走。これらの問題は明らかに、気候変動と密接な関係にあり、気候変動によって悪化する。とはいえ、新たな常識は、還元的な〝エコロジズム〟〔生態学や環境、人間と自然との関係に焦点を当てる政治的イデオロギー〕に陥ってはならない。地球温暖化を、ほかのあらゆるものに優先する切り札として扱ってはならない。そうではなく、その脅威の根本にひそむ社会力学を突き止める必要があるのだ。

その力学はまた、現在のほかの危機の原動力でもある。「環境的なもの」も「非環境的なもの」も含めて、危機のほぼすべての面に取り組むことによってのみ、そしてそれらの関係を明らかにすることによってのみ、対抗ヘゲモニーのブロックを思い描くことができる。そのブロックがあってはじめて、共通プロジェクトを背後で支え、政治的影響力を駆使してそのプロジェクトをうまく前へと推し進められるのだ。

もちろん、これは難しい注文だ。だが、なんと〝幸運な偶然〟だろうか。その難問を可能性の領域に持ち込むものは、ただ一つ。すべての道は一つの思想に通ず――そう、資本主義に。すでに本書で定義し、敷衍した意味において、資本主義は気候変動の社会歴史的な推進力であり、それゆえ中核を成す制度化された原動力である。気候変動を食い止めるためには、その原動力を解体しなければならない。だが、そのように定義される資本主義は、エコロジーとは何の関係もなさそうに見える社会的不正義とも密接な関係にある。たとえば階級搾取から人種的・帝国主義的抑圧、ジェンダー支配や性支配までの不正義である。そしてまた、エコロジーとは何の関係もなさそうに見える社会的問題とも大きな関係がある。たとえばケアの危機や社会的再生産、金融、サプライチェーン、賃金、労働の危機、さらには統治や脱民主化の危機である。したがって、新たな常識をつくる際には反資本主義がその中心モチーフとなりうる——いや、そうなるべきである。反資本主義は、不正義と不合理の複合的な要素のつながりを明らかにし、生態学的かつ社会的な変革を巻き起こす、力強い対抗ヘゲモニーのプロジェクトをつくり出すカギを握っている。

いずれにしろ、それが本章の論点だ。その論点を次の三つのレベルで展開していく。第一は構造レベルだ。私が主張したいのは、正しい理解において、資本主義は深く根づいた生態学的矛盾を内包し、その矛盾によって環境危機を生み出しやすいことだ。だが、この矛盾は、同じように資本主義に特有のほかの矛盾とも深く絡み合っているため、生態学的矛盾だけを抜き出して適切に取り組むことはできない。第二は歴史的変遷のレベルである。資本主義システムの各発展段階で現れた生態学的な矛盾のかたちを、現在まで順番にたどっていく。単一の問題に焦点を絞るエコロジズムとは対照的に、この歴史が明らかにするのは、エコロジーをめぐる危機や闘争とほかの危機や闘争とが、広範かつ複雑にもつれあう関係にあり、資本主義社会において、その二つの種類の危機と闘争がこれまで完全に切り離し可能ではなかったことだ。

そして、第三は政治レベルである。このレベルに目を向けて私が強く主張するのは、今日、生態学的政治は「環境面だけ」にとどまっていてはならず、そのためには全面的に反資本主義システムになる必要があるという点だ。地球温暖化と全般的な危機の差し迫った面との絡み合った関係を前景とすることで、グリーン運動は環境問題を超えるべきだ。グリーン運動はみずからを、反資本主義を中心に据えた、より広い対抗ヘゲモニーのブロックに参加するものと位置づけることで、少なくとも原則的には地球を救えるかもしれない。

## †資本主義の生態学的矛盾——構造的議論

資本主義は地球温暖化の社会歴史的な推進力だというとき、それはどういう意味だろうか。あるレベルでは、この主張は経験的であり、原因と結果を表している。責任を「人類」全体に押しつける「人為的な気候変動」という、例の曖昧な表現とは対照的に、この表現では利益を最優先する企業家階級を非難している。彼らは化石燃料の生産・輸送システムを設計し、大気中に大量の温室効果ガスを撒き散らす。この点については後述とし、歴史的に考察する際に経験的に説明しよう。だが、そこには歴史的因果関係以上のものが働いている。私の理解によれば、資本主義はまさにその構造によって、必然的に地球温暖化の原動力である。説得力の弱い経験的な主張ではなく、根拠の強い体系的な主張について、次に説明していこう。

まずは、誤解を招きそうな点について先に述べておく。資本主義は必然的に気候変動を引き起こすという発言は、決して環境危機は資本主義社会でしか起こらないという意味ではない。それどころか、資本主義以前の多くの社会は環境問題によって滅んだ。彼ら自身がその問題を招いた場合もあった。たとえば、古代帝国は森林伐採や過剰輪作によって、みずからの食料を育てる耕作地を破壊した。同じように、自称・ポスト資本主義社会は執拗に石炭を燃やしたり、チョルノービリ（チェルノブイリ）原発事故のような偶発的な大惨事を起こしたりして、深刻な環境破壊をもたらした。これらを見れば、大規模な環境破壊が資本主義社会に限ったものではないことがわかるだろう。

それよりも資本主義社会に特有なのは、社会と環境危機との関係の構造的特徴である。資本主義以前の人々は「自然に優しい」世界観を抱いていたものの、環境破壊はたいてい人間の無知が原因で生じた。たとえば、森林伐採や過剰輪作の影響を予測できなかった。社会慣行を早急に改めることを社会全体が学んでいれば、国家滅亡は防げたはずだ。そして実際、防いだケースもあった。資本主義以前の社会に本来備わっていた力学には、環境破壊を引き起こす社会慣行を要求するものは何もない。

同じことは、自称・ポスト資本主義社会にも当てはまる。典型的な例をあげれば、「実在する社会主義」だった旧ソ連は、持続不可能な農業および産業体制によって、土地を化学肥料で、大気を二酸化炭素で汚染した。もちろん資本主義以前の社会と違って、旧ソ連の世界観も慣行も「自然に優しい」とは言いがたく、彼らの行動のもとには、「生産力の発展」を享受するという強いイデオロギー的な信念があった。だが、ここで重要なのは、その世界観も信念も社会主義に内在する力学から生じたわけではないことだ。むしろその根源は、これらの社会主義が生まれた地政学的土壌に、世界システムにあった。その世界システムを組み立てたのは、資本主義社会との競争であり、そのような環境が育んだ「キャッチ・アップ」型の採取主義の思考パターンであり、世界システムが好んだ巨大産業化の化石燃料モデルだった。

だからと言って、これらの社会の統治者に責任がないと言いたいわけではない。恐怖に満ちた秘密主義の官僚的権威主義が生み出した環境——彼らが意図的に醸し出そうとした特徴だ——において、破滅的な決断を下した責任は永遠に免れない。それよりも重要なのは、社会主義の特徴のなかに、そのような環境か意思決定を要求するものが何もないことだ。外部の制約と内部のひずみが蔓延していなければ、社会主義社会は原則として、自然と相互作用する持続的なパターンを発展させることもできるだろう。

同じことは資本主義社会には当てはまらない。資本主義社会は、生態学的な危機を引き起こす根強い傾向を、まさにその中心に備えている。そのような社会システムは、ほかには見当たらない。あとで述べるように、資本主義社会は環境危機を繰り返し起こしやすい。ほかの社会と違って、その社会の生態学的問題は、知識の積み上げや環境に配慮した善意の行動では解決できない。求められるのは根本的な構造転換だ。

その理由を探るために、資本主義の概念をいま一度、確認しなければならない。すでに見たように、資本主義は経済システムではなく、もっと大きなものだ。単に経済的生産と交換を編成する方法ではなく、経済的生産や交換と非経済的な可能性の条件との関係を編成する方法でもある。資本主義社会が、もっぱら経済領域——〝価値〟と呼ばれる特異な抽象概念の領域——を制度化することは、さまざまな分野でもよく理解されている。その領域では、企業が私的に所有する生産手段を使って、賃金労働者を搾取して商品を生産し、価格設定する市場で売られる。すべての目的は、利益を生み出し、資本を蓄積するためである。

ところがここでよく見過ごされるのは、この領域が多くの社会的活動、政治能力、自然の諸過程に構造的に依存している点だ——依存ではなく、寄生と呼びたくなるところだ。その三つは、資本主義社会では非経済的なものとみなされる。〝価値〟とは認められず、その外に位置し、経済を成り立たせる不可欠な前提を構成する。もちろん前章で論じたように、まず社会的再生産という無償の活動がなければ、商品生産は成り立たない。社会的再生産は、賃金労働に従事する人間を形成し、維持するからだ。また、次章で論じるように、法的秩序、抑圧する力、公共財の三つがなければ、商品生産は成り立たない。その三つは、私的所有と契約に基づく交換に正当性を与えるからだ。そして最後に、本章で詳しく説明するように、自然の諸過程から切り離されては利益も資本も成り立たない。自然の諸過程は、原材料やエネルギー源などの重要な投入物を確保するからだ。社会的活動、政治能力、自然の諸過程という「非経済的」な要素は、資本主義経済を成り立たせる必須条件だ。資本主義の外にあるのではなく、その不可欠な要素である。

これらの要素を除外した資本主義の概念は、イデオロギー的だ。資本主義をその経済と同一視することは、みずからを経済的と捉える、資本主義システムの自己認識の受け売りにすぎず、批判的に考察する機会を逃してしまう。批判的視点を得るためには、もっと幅広く理解しなければならない。資本主義システムを「制度化された社会秩序」として理解し、「経済」だけを包含するのではなく、その経済を成り立たせる非経済的と定義される活動、関係、過程をも網羅する必要があるのだ。

そのように捉え直せば、重要な関係について、すなわち資本主義社会ですでに確立されていた、経済と〝それ以外のもの〟との関係について、考察することができる。〝それ以外のもの〟には「自然」も含まれる。この関係は根本的に矛盾をはらみ、危機を引き起こしやすい。資本主義システムの経済は、構造的に自然に依存している。自然は、生産の投入物をもたらす蛇口であり、廃棄物を流すシンクとして機能する。そのいっぽう、資本主義社会は、経済と自然の二つの「領域」のあいだに明白な区分を設ける。そして経済を、価値を生み出す人間の創造的な行動領域と位置づける。自然については、価値を持たない物質の領域だが、みずからを無限に補充し、商品生産において全体的に利用可能な領域と位置づける。

　経済と自然が交わる場所に資本が入り込むとき、存在論的な深淵は灼熱地獄と化す。資本は「自己増殖」のために設計された収益化の抽象概念であり、際限ない蓄積を命ずる。その結果、最大限の利潤を追求しようという動機を与えられた所有者は、無料ではないにせよ、できるだけ安価に「自然の贈り物」を奪い取ろうとする。だが、奪い取った分を補充し、与えた損害を回復する、いかなる義務も免れている。損害は利益の裏面だ。生態学的な再生産費用を無視してもかまわないのなら、生産と流通向けのおもな投入物はどれも大幅に安く抑えられる。原材料、エネルギー、輸送だけでない。労働もそうだ。資本が自然から安価に食料を奪い取るとき、生活費の低下に伴い、賃金も下がる。どのケースにおいても、資本家は利益のかたちで蓄えを私物化しておきながら、環境に関わるコストを転嫁する。環境破壊の被害を受ける生活を強いられる者に――そしてそれによって命を落とす者に。そのなかには、何世代も先の人々も含まれる。

労働との関係以上に、資本は自然との関係でもある。猛烈な勢いで資本は天然資源を採取し、喰い尽くそうとする。そして、ますます多くの「価値」を積み上げるために、ますます多くの生物物理学的な富を平らげる。そのいっぽう、生態学的な「外部性」は否認する。そして、生態学的な残骸が山のように増え続け、必然的に積み上がる。二酸化炭素の充満する大気。気温上昇、崩壊する極地の棚氷、海面上昇、海岸や海面を埋め尽くすプラスチックゴミ。大量絶滅、生物多様性の減少、気候変動が原因で生じる生物や病原体の移動。致死性のウイルスによる人獣共通感染症の影響の増大。巨大なハリケーンや台風、長引く旱魃《かんばつ》、バッタの大群、広範囲の森林火災、大規模な洪水。酸欠海域、土壌汚染、極度の大気汚染。本当の意味では自動的に補充できない自然に、制限も設けず、莫大な規模でただ乗りしようとし、資本主義経済はみずからを存立させる可能性の生態学的な条件をいつも、いまにも不安定化させようとしている。

実のところ、資本主義社会の中心には――つまり、資本主義社会が経済と自然とのあいだに築いた関係には――生態学的な矛盾が存在する。資本主義システムの構造に深く根ざしたその矛盾は、Dで始まる四つの言葉で表すことが可能だ。依存（Dependence）、分離（Division）、否認（Disavowal）、不安定化（Destabilization）である。簡単に言えば、資本主義社会は「経済」を「自然」に依存させておきながら、その二つを存在論的に分離する。価値を最大限に蓄積するいっぽう、自然を価値とは無関係なものとして扱う。このような取り決めによって、経済はみずからが生み出した生態学的再生産のコストを否認する。その結果、コストが指数関数的に上昇するのに伴い、生態系が不安定化する――そして、資本主義社会というつぎはぎだらけの殿堂を周期的に破壊する。自然を必要としつつ破壊する。この点においても、資本主義は己の重要な臓器を貪り喰う共喰い動物のようだ。己の尻尾に喰らいつくウロボロスである。[1]

　矛盾はまた、階級権力の見地から表すことも可能だ。資本主義社会はその名の示す通り、生産を構成する仕事を資本に、いやむしろ、資本蓄積に専念する者に委ねる。資本主義システムはまさしく資本家階級に、次のような許可を与える。原材料を採取する、エネルギーを生み出す、土地の利用法を決定する、食料システムを設計する、創薬資源を採取調査する、廃棄物を処理する――すなわち、大気と水、土壌と鉱物、植物と動物、森林と海洋、大気圏と気候をコントロールする不当に大きい権利を事実上、資本家階級に譲渡する。言ってみれば、地球上で生きていくための、ありとあらゆる基本的な条件をコントロールする権利を、である。資本主義社会はこのように、手当たり次第に自然を破壊する強い動機を持つ階級に、私たちと自然との関係を管理する権力を授けているのだ。

確かに損害を軽減するために、政府もたまには問題が起きたあとで介入する。だが、何とか後れを取り戻そうとするものの、いつも後手にまわり、企業の特権を取り上げるところまではいかない。温室効果ガスを排出する者よりつねに一歩遅れているために、せっかく環境規制を設けたところで、企業の次善策に簡単に覆されてしまう。しかも、構造的条件にはまったく手をつけず、生産を構成する許可を企業に与えたままにするため、根本的な状況は何一つ変わらない。

資本主義システムは資本家に、この惑星を破壊せんばかりに攻撃する動機と手段と機会とを与える。地球温暖化を招いたのは市民ではなく、資本家なのだ。しかも偶然にではなく、ただ貪欲だからでもない。むしろ、資本家の行動を規定し、その結果を招いてきた原動力は、資本主義社会の構造そのものに組み込まれている。

どの体系的な理論から始めようと、結論は同じだ。資本主義によって構成された社会は、生態学的な矛盾をDNAに有している。その社会は〝自然災害〟をとつぜん引き起こす恐れがあり、実際、定期的に大災害が起きる。だが、資本主義社会の歴史を通して偶発的に起きたことはない。生態学的危機を引き起こす傾向を、最初から組み込んでいるのだ。それは資本主義社会の様式の本質として、つねに生態系の脆弱性を生む。重大でない場合もあれば、人目につかない場合もある。だが、脆さは時とともに積み上がり、やがてティッピング・ポイント（転換点）に達して爆発し、被害が誰の目にも明らかになるのだ。

## †もつれた矛盾

資本主義の生態学的な問題が構造的なものであるならば、この惑星を救うためには、中核にあって社会秩序を規定する特徴を無力化する必要がある。何よりも重要なのは、私たちと自然との関係を決定づける権力を独占している階級から、その権力を奪い取って、私たちと自然との関係をゼロからつくり直し始めることだ。だがそのためには、権力の土台にあるシステムを解体しなければならない。軍事力と所有形態、「価値」という破滅的な存在論と、際限なき蓄積への原動力──これらすべてが一体となって、地球温暖化を推し進める。要するに、生態学的政治は反資本主義でなければならない。

この結論は、このままでも概念的にきわめて強力だが、それでもまだすべてを物語っているわけではない。全体像を捉えるためには、資本主義社会の別の構造的な特徴──同じように自然に影響を与え、自然を取り巻く闘争に影響を与える特徴──についても考えなければならない。ここで重要になるのが、先に簡単に触れたポイントだ。つまり、資本主義経済を支える非経済的な背景条件は自然だけではなく、資本主義社会において危機が生じる場所も自然だけではない。それどころか、すでに述べたように、資本主義において生産は社会的再生産と政治的必要条件の上に成り立つ。そして、自然を取り巻く状況が矛盾をはらんでいるように、その二つも矛盾をはらんでいる。同じくらい重要なのは、その二つが自然と相互作用しているというのに、私たちが危機を承知で見て見ぬふりをしていることだ。社会的再生産と政治的必要条件という、その二つについても、資本主義社会の生態学的批判理論に組み込まなければならない。

資本主義社会に対する社会的再生産の条件について考えてみよう。この場合にもやはり、資本主義はただ単に生産だけを構成しているのではない。前章で詳しく論じた通り、資本主義は生産とさまざまなケア労働との関係も体系化する。ケア労働を担うのは家庭とコミュニティだ――女性だけではないにせよ、おもに女性である。「労働力」を構成する人間を維持し、協調を可能にする社会的きずなを築くために、どんな社会支援システムにとってもケア労働は不可欠だ。

だが、ケア労働を構成する資本主義特有の方法も、自然を構成する方法と同じくらい矛盾している。先にも述べたように、資本主義システムは領域を分離することで機能する。ケア労働について言えば、生産と再生産とを分離し、生産だけを価値を生み出す領域と位置づける。その結果、経済に対して、社会へのただ乗りを認め、補充もせずにケア労働を喰い荒らすことを認める。ケア労働を供給するために必要なエネルギーを枯渇させることも認める。こうして、資本主義の経済は、みずからを成り立たせる可能性の必須条件を悪化させてしまった。したがって、危機を引き起こす傾向は――この場合で言えば、社会的再生産の危機を引き起こす傾向は――やはり、資本主義社会のまさに中心に組み込まれている。

資本主義社会において、同様の矛盾は「経済的なもの」と「政治的なもの」との関係についても執拗につきまとう。資本主義経済は必然的に多くの政治的支援に依存している。たとえば、異議を封じ込め、秩序を遵守させる抑圧的な強制力や、私有財産を保障し、蓄積を認める法制度や、企業の利潤追求を支えるさまざまな公共財のことだ。これらの政治的条件なしに、資本主義経済は存立しない。

そのいっぽう、経済と政体との関係もまた、みずからを不安定にする。資本の私的権力を国家の公的権力から分離することで、公的権力を空洞化する動機を私的権力に与えてしまうのだ。際限なき蓄積を存在意義とする企業が、脱税を画策し、規制を骨抜きにし、公共財を私物化し、事業をオフショア化したがるのも無理はない。このようにして、資本主義はみずからの存立の政治的必要条件を貪る。このケースでもやはり、ウロボロスが己の尻尾を咥えている状態であり、資本主義社会には政治的危機を生み出す根強い傾向がある。この点については、次章で詳しく説明しよう。

そういうわけで、社会的再生産と政治的必要条件という、さらに二つの資本の矛盾が加わった。二つとも、先に述べた四つのD——依存（Dependence）、分離（Division）、否認（Disavowal）、不安定化（Destabilization）——に当てはまる。分析のために要約してその観点から考えるとき、本章で解剖した生態学的な矛盾とも酷似している。とはいえ、そのような定式化は誤解を招く。この三つの矛盾は実のところ、並行して作用しているわけでなく、むしろ相互に作用する——そしてまた、マルクスが突き止めた経済的矛盾とも相互に作用する。実際、非常に密接に関わり合い、相互に成り立っているため、互いに切り離して深く理解することはできない。

社会的再生産の仕事が、生死に関わる重大な問題と深く結びついていることについて考えてみよう。子どもの面倒を見ることは、社会化を促し、教育を受けさせ、慈しみに溢れた世話をすることだけではない。妊娠し、出産し、生まれたあとは子の世話をし、その後もずっと子の健康や身の安全を守らなければならない。同じように、病人や末期の患者に対する看護には、からだを癒し、痛みを和らげるだけでなく、慰めをもたらし、尊厳を持たせる仕事も含まれる。そして、若者も年配も、病人も健康な者も、誰もかもがケア労働に依存して生きている。ケア労働は、雨露をしのげる場所を確保し、栄養を与え、衛生的な生活を維持して、身体の健康と社会とのつながりを保つ。そういうわけで一般的に言えば、社会的再生産の仕事が目的とするのは、文化的存在であり自然的存在である人間を維持することだ。社会的再生産の仕事は、文化的存在と自然的存在との違いを弱め、社会性と生物学、コミュニティと生息環境とのインターフェイスをうまく結びつける。

このように、社会的再生産は生態学的再生産と密接に関わっている。だからこそ、社会的再生産の危機の多くは、生態学的再生産の危機でもあり、多くの自然闘争は生活方法の闘争でもある。人間の生活環境を支える生態系を資本が不安定にするとき、資本はケアの提供も、それを支える生活や社会関係をも危険にさらす。反対に、人々がその状態に抵抗するとき、生態学的なものと社会的なものとの関係を一気に防衛することが多い。それはまるで、二つの領域を分離する資本主義の権威に挑むかのようだ。生態学的批判の理論家は、これらの例にならうべきだろう。資本主義の生態学的矛盾を十分に理解するためには、生態学的矛盾と社会的再生産の矛盾とを結びつけて考えなければならない。資本主義システムが、自然とケアを経済から切り離そうとしても、それは同時に、自然とケアと経済の幅広い相互作用を始動させる。その相互作用は、資本主義社会の生態学的批判理論において、大いに注目されるべきである。

同じことは、やはり資本主義社会と密接に結びついている、生態学的な領域と政治的な領域についても当てはまる。資本が自然の富を無料ないし安価に収奪できるよう、法的権力と軍事力を供給するのは公的権力、たいてい国家権力だ。環境破壊があまりにも差し迫った脅威となって、見て見ぬ振りができなくなったときに、人々が頼みとするのも公的権力だ。言い換えれば、資本主義社会は、経済と自然との境界を管理する仕事を国家に割り当てる。「発展」を推進するか抑制する場合もそうだ。大気汚染物質の排出を規制するか、規制を緩和するときにも。そしてまた、有毒廃棄物をどこに棄てるのか、その影響を緩和するのかどうか、どんな方法で緩和するのか、誰を守り、誰を危険な状況にさらすのか。これらの問題に判断を下すよう資本主義が命じる相手は、国家なのだ。

このように、経済と自然との関係をめぐる闘争が、さまざまな意味で政治的であることは避けられない。典型的な例をあげれば、自然を経済から守るために国家が行なうか、行なうべきである具体的な政策に焦点を当てると、国家は公的権力の限界や、私的（企業）権力の手綱を握る権利や能力をめぐる論争に巻き込まれやすい。また、そのような闘争において、司法権も危機にさらされる。たとえば、地球温暖化の問題に介入する際、適切な規模と機関を考えた場合、当然ながら地域や国家をまたぐことになる。

同じように、自然というものに対する基本的な捉え方についてもさまざまな意見がある。

自然に対して与えられる社会的な意味合いも、自然のなかの私たちの立場も、自然と私たちの関係についても意見が分かれる。さらに、次章で述べるが、どの生態学的な議論の背後にも、きわめて重要なメタ政治学的な問いが隠されている。いったい誰がこれらの問題に決断を下すべきか、という問いだ。したがって、自然と経済との関係は、どのレベルにおいても政治的だ。資本主義が抱える現在の危機の生態学的な次元を理解するためには、生態学的な次元と政治的要素との相互作用を理解しなければならない。政治的要素を解決せずに、生態学的な次元の解決も望めない。

## †収奪の対象となる者

最後に、生態学的な次元は、搾取と収奪の構造的な分離とも密接に関わっている。第2章で述べたように、その分離はグローバルなカラーラインともほぼ合致し、人々を二つに区分する。一つは、生活賃金の支払いを通して、社会的再生産の費用を資本が負担する人たち。もう一つは、ごくわずかな対価を通して労働と富を資本に奪い取られる人たち。前者は権利を有する自由市民であり、(少なくとも一定レベルの)政治的保護が受けられる。後者は自由でないか従属する被支配民であり、奴隷か植民地の住民だ。国家の保護を受けられず、自衛のあらゆる手段を奪われている。この区分は、新世界の奴隷制度の時代から、植民地主義の直接支配の時代と植民地が独立したあとの新帝国主義の時代を経て、現在の金融資本主義の時代まで、つねに資本主義の発達の中心にあった。どの時代においても、収奪は大きな利益を生む搾取の成立条件として役立ってきた。この仕組みの否認は、資本主義自体のナラティブの中心に位置し、搾取と収奪の持続を助けている。

収奪はまた、資本がエネルギーや原材料を、無料ではないにせよ、きわめて安価に手に入れる方法としても役立ってきた。資本主義システムが発展する理由の一つは、大量の自然を強奪しておきながら、その再生産費用を負担しないことにある。だが、自然の私物化に伴い、資本は同時に人間のコミュニティをも収奪する。そのコミュニティにとって、奪われる物質と汚染される環境は生活環境であり、生計手段であり、社会的再生産の物質的基盤である。そのため、これらのコミュニティには、圧倒的に大きなグローバル規模の環境負荷がかかってしまう。それらを収奪することで、ほかの（〝より肌の白い人たちの〟）コミュニティは、資本が自然を貪り喰う最悪の影響から——少なくともしばらくのあいだは——逃れられる。

それゆえ、資本主義システムにあらかじめ組み込まれた、生態学的危機を誘発しやすいという傾向は、同じく資本主義システムにあらかじめ組み込まれた、収奪される特定の人種をつくり出すという傾向と密接な関係にある。このケースにおいても、生態学的危機を十分に理解しようとするならば、生態学的批判理論は、このような資本主義システムの傾向と切り離して考えてはならない。

総じて、資本主義の生態学的な矛盾は、それ以外の構成的な不合理や不正義からきれいに切り離すことはできない。争点を一つに絞った環境主義という還元的なエコロジズムの視点を採用することで、収奪される人々を無視するならば、資本主義社会に特有の制度構造を見落としてしまう。経済を自然とだけでなく、国家やケア、人種的・帝国主義的な収奪とも切り離すならば、その社会は相互に作用し合い複雑にもつれ合った矛盾を制度化することになる。批判理論はこれらの矛盾をすべて一緒に、一つの枠のなかで捉えなければならない。

歴史に焦点を当てるとき、この結論はさらなる裏づけを得る。

### †「自然」について語る三つの方法

だが、まずはその前に「自然」という言葉について見ていこう。摑みどころがないと思われがちなこの言葉を、本書ではすでに二つの意味で用いてきた。その二つについて簡単に説明したあとで、三番目の意味について紹介する。

本書で、地球温暖化は厳然たる事実だと述べたとき、私は自然という概念を、気候科学が研究する対象として捉えていた。たとえば二酸化炭素の吸収源が満杯になると、自然は〝反撃〟するといった具合に、私たちが理解するかしないかに関係なく、私たちの背後で起きる生物物理学的なプロセスを介した作用のことだ。このような科学的現実主義者の考える自然を、「自然Ⅰ」と呼ぼう。

ところが、自然にはこの「自然Ⅰ」の概念とは相容れず、すでに本書において、資本主義の生態学的矛盾を説明する際に用いた別の意味もある。その意味の「自然」は、資本主義の観点から、存在論的に「人間性」に対立するものとして位置づけられる。この場合、自然は物質の集合であり、価値を持たないが、資本主義システムの価値増殖という目標の手段として利用でき、みずから補充するものとして捉えられる。この概念を「自然Ⅱ」と呼ぶ。これは資本主義を構成し、資本主義にとって歴史的に特有の概念だが、決してつくり話や単なるアイデアではない。資本蓄積の原動力において操作でき、これもまた私たちが理解するかしないかとは関係なく組織的に作用し、いまや強大な力となって「自然Ⅰ」に物理的で重大な影響を与えている。この点について本書の議論のほとんどは、資本主義社会において「自然Ⅱ」が「自然Ⅰ」を乗っ取っているという、破滅的な惨事に光を当てようとしてきた。

だが、歴史に目を向ければ、三つ目の概念が浮かび上がる。それを「自然Ⅲ」と呼ぼう。

「自然Ⅲ」は、史的唯物論〔マルクス理論の基礎枠組みの一つ。生産力と生産関係との変化を、歴史発展の原動力とする考え方〕の研究対象だ。具体的で時とともに変化する。つねに人間と非人間的な要素のあいだで、それ以前に起きた物質代謝の相互作用によって特徴づけられる。人間の歴史と深く関わり合い、人間の歴史によってかたちづくられ、人間の歴史をかたちづくった。多様な生き物が生息する大草原を、人間が単一栽培の農地に転換したことを考えればわかりやすいだろう。ほかにも、人間はかつての原生林にいまは植林している。あるいは、熱帯雨林を破壊して採鉱地や牧場に変えてしまった。「手つかずの荒野」を保護区とし、湿地を埋め立てる。魚を養殖し、家畜を飼育し、遺伝子組み換え作物を育てる。気候や「開発」が原因で種が移動し、ウイルスは人獣共通感染症を引き起こす病原体へと変異した。このように、地球史の（かなり短い）資本主義の時代にさまざまな事例が思い浮かぶ。

エコマルクス主義者の思想家ジェイソン・W・ムーアは、「自然Ⅲ」の考えを持ち出し、特定の「自然」を複数の「歴史的自然」に置き換えるよう提案している。[2] 本書ではこれ以降、ムーアが用いた表現とともに、形容詞の「社会生態学的」という言葉を用いる。自然と社会のインターフェイスを、歴史的な相互作用の結びつきとして描くためである。資本はこれまでコントロールしようとしてきたその結びつきを、いまや消し去ろうとしている。

議論の次の段階では、人間の歴史と分かちがたく結びついた「自然Ⅲ」の概念を中心に、資本主義の生態学的な矛盾を歴史的にたどっていく。だが、歴史に焦点を合わせたからといって、「自然Ⅰ」や「自然Ⅱ」を排除するか、その価値が無効になるわけではない。ムーアの主張と違って、「自然Ⅰ」と「自然Ⅱ」の概念にも正当性があり、「自然Ⅲ」と両立する。[3]「自然Ⅰ」や「自然Ⅱ」も、そして「自然Ⅲ」も、私たちの背後で作用する客観的で歴史的な力として、また私たちの行動を動機づける（内なる）主観的な考えとして私の議論には必要だ。後述するが、その考えは互いに衝突するだけでなく、自然のほかの下位の理解とも衝突する。その自然もまた〝反撃〟能力を持つ――この場合は、社会闘争と政治行動を通した〝反撃〟能力である。つまり、同時に作用する三つの自然の概念には、生態学的矛盾の歴史的変遷を記した、体系的なチャート図を構成してもらう必要があるのだ。

## †蓄積の社会生態学的な体制

ここまで、資本主義の生態学的危機の傾向を、時間の外に存在するかのように構造的な言葉で説明してきた。だが実のところ、その傾向は歴史的に特有のかたちにおいてのみ、あるいは私が呼ぶところの「蓄積の社会生態学的な体制」において現れる。私がそのような言葉を用いるのは、資本主義の歴史のさまざまな段階を明らかにするためである。

資本主義システムのどの体制にも、経済と自然との関係を構成する特有の方法がある。どの体制にも、エネルギーを生み出し、資源を採取し、廃棄物を処理する特徴的な方法がある。同じように、それぞれの体制は特有の拡張の軌跡を描く――征服、略奪、商品化、国有化、金融化を、歴史的に特有な方法で組み合わせ、以前は外部だった多くの自然を組み込んでいる。最終的に、それぞれの体制は自然を外部化することで管理するという、特徴的な戦略を発達させる。その戦略によって、政治力を持たず、使い捨て可能とされる家庭やコミュニティに被害を押しつける。そして国家、政府間組織、市場のあいだで責任を分配して削減する。

もしそうであるならば、体制の違いを際立たせるのは次の二点だ。すなわち、経済と自然のあいだのどこに境界線を引くのか。そしてその線引きをどのように操作可能とするのか。後述するが、同じように重要なのは、体制が――理論と実践の両方において――〝自然〟に見出す具体的な意味である。

そのような事柄のうち、資本主義の登場とともに最終的に確定したものは一つもない。それどころか、それらはたいてい危機が訪れるたびに変化してきた。変化が起こるのは、長い時間をかけて積み重なった生態学的矛盾の影響が、表面に浮かび上がり、嫌でも目につくようになり、もはや小手先でごまかしたり、見て見ぬふりをしたりできなくなるときだ。そのようなとき、経済と自然との既存の関係が機能不全に、あるいは不公正か不利益か、もはやこれ以上は持続不可能なものに思え、ついに論争が始まる。その結果、対抗する政治ブロックのあいだで、競合するプロジェクトを掲げて大きな闘争が生じ、経済と自然との関係を擁護するか変更しようとする。膠着状態を経て、闘争が新たな社会生態学的体制を生み出す場合もある。そしてひとたび生み出されると、新たな体制は一時的な安心感を与え、前の体制が抱えていた問題の少なくとも一部は克服する。

とはいえ、新たな体制は新たな難問を生み出し、その体制が熟すのに伴い、その影響が明らかになる。結果はまた同じ。ああ、資本主義には生態学的な危機を引き起こすという、あらかじめ組み込まれた傾向があるのだ。そして、その傾向を新たな体制が克服しない限り、同じことの繰り返しだ。どれほど独創的な方法であろうと、単に危機を和らげたり、別のものに置き換えたりするだけでは駄目なのだ。

いずれにせよ、今日まではそのシナリオが主流だった。その結果、資本主義の歴史は、蓄積をめぐる社会生態学的な体制の連続と捉えることができ、ところどころでその体制に特有の発展の危機が生じる。危機は後継の体制によって暫定的に解決されるものの、やがて新たな体制も、その体制に特有の発展の危機を引き起こす。[4] あとで考察するが、この連続ははたして、各体制に共通する、よりいっそう深い原動力によって終わりを告げようとしているのか。つまり、体制を超えて悪化する深刻な地球温暖化のことだ。地球温暖化は累積的にエスカレートし、もはや和らげることは不可能に見え、すべてを終わりにしてしまいそうだ。これについてはさまざまな意見があるだろうが、資本主義の歴史において、自然の構成がそうであったように、経済と自然との分離も数度にわたって変化を遂げてきたことは間違いない。ここでのいちばんの目的は、その変化と、変化を引き起こす危機の力学について体系的に整理することにある。

資本主義の生態学的矛盾の変遷は、すでに論じた蓄積の四つの体制と合致する。まずは、一六―一八世紀の重商資本主義。次に、一九世紀から二〇世紀初めのリベラルな植民地資本主義。さらに、二〇世紀の約三分の二を占める国家管理型資本主義。最後が、現代の金融資本主義である。各段階において、経済と自然との関係も、そしてその関係によって生じた危機の現象も、それぞれ異なる外観を持つ。どの体制でも、自然とのあいだで特有の闘争を引き起こしてきた。それでも変わらなかった点がある。それは、どの段階においても、生態学的な危機と闘争が、ほかの種類の危機や闘争と密接に絡み合っていたことであり、資本主義社会の構造的矛盾に根ざしていたことである。

まずは重商資本主義体制——と、そのエネルギーの問題——から始めよう。この段階ではそれまでの時代と同様に、風力を推進力とする帆船を利用し、一部の地域では風車や水車を使って穀物を挽いていた。だが、農業と製造業では、おもに動物——人間あるいは雄牛や馬など——の筋力を頼りとしていた。それは数千年も続いてきた風景だった。この点において、前資本主義社会を引き継いだ重商資本主義体制を、環境史家のジョン・R・マクニールは「体内的」体制と呼ぶ。化学物質を力学的エネルギーに変換することは、ほとんど生き物の体内で食べ物を消化したときに起きる現象だからだ。

この時代、エネルギーはバイオマス（生物資源）をもとにしていた。[5] ということは、それ以前の時代と同様に、利用可能なエネルギーの量を増やすためのおもな方法は、征服という手段を使うことであり、重商資本主義の強国にとって生産力を高める唯一の方法は、領土を併合し、労働力を奪い取ることだった。すでに見たように、彼らはこの確実な方法を思う存分利用したが、「旧」世界に飽き足らず「新」世界までも莫大な規模で取り込んだ。

このようにして重商資本主義の行為者は、周辺において社会生態学的な採取主義の容赦ないシステムをつくり上げた。ボリビア南部のポトシ銀山から、現在のハイチ共和国にあるサン＝ドマングの奴隷制プランテーションまで、資源も労働者も枯渇するまで使い尽くしておきながら、消費した分は補充しなかった。[6] それどころか、人間およびそれ以外の「投入物」を次から次へと、「外部」から強制的に連行しては、貪り喰うようにして搾り取った。彼らは、南北アメリカ大陸のあちこちに環境や社会を破壊した跡を残した。

破壊される側は必死に闘ったが、成功することもあれば失敗に終わることもあった。居住地、コミュニティ、生活を守り、大規模な攻撃に抵抗するために彼らがとった方法は、総力戦にならざるを得なかった。コミュナリスト、反帝国主義者、共和制主義者かどうかにかかわらず、抵抗運動は、現在の私たちが「環境」闘争と呼ぶものと、労働、社会的再生産、政治権力をめぐる闘争とを組み合わせた闘いだった。

いっぽうの本国では、資本は別の方法で規模を拡大した。イングランドで起きた土地の強引な囲い込みによって、耕地は牧羊場に変わり、機械化を待たずして織物業が発達した。土地の利用と所有制度の変化は、一六世紀の行政国家づくりと合流し、やがて一七世紀に世界を変える科学革命が起きると、その動向とも合流した。

科学革命は人々に、自然に対する機械論的な捉え方を、すなわち「自然Ⅰ」の初期の考え方をもたらし、それが「自然Ⅱ」の考え方につながった。ギリシャ哲学とキリスト教から受け継いだ、自然と人間との明白な分離を強化した機械論的な捉え方は、意味の宇宙から自然を追放し、社会と自然とは近いものだという考えを事実上、存在論的な深い亀裂に代えてしまった。こうして対象化され、外部化された自然はもはや人間と相対するものに見えた。「強奪」する許可をもらったように思った者もいた。[7] 結局のところ、この種の哲学的な考えは近代科学には重要でないとわかり、やがて「自然Ⅰ」ののちのバージョンからは脱落したものの、資本の形而上学に第二の命を見つけた。自然とは不活発で、無料で手に入れていいものと位置づけ、「自然Ⅱ」を肯定的に捉えるものとなったのである。

このように、重商資本主義は一般的に、周辺における征服や天然資源などの採取主義と、中核における剝奪や近代科学とを有機的に統合した。いまとなって考えてみれば、こんなふうに言えるだろう。この時代の資本は、生物による力と知識の力を積み上げていたが、より大きな生産能力を確実なものとするためには、蓄積の新たな社会生態学的体制の出現を待たなければならなかった、と。

## †石炭

そして、その体制がかたちを現し始めたのが、一九世紀初めのイングランドだった。化石エネルギーへの転換という、世界史的な出来事が起きたのだ。石炭を動力とする蒸気機関をジェイムズ・ワットが発明し、世界が「体外的」体制へと至る道を拓いたのである。炭化した太陽エネルギーを地球の表層下から取り出し、生き物の体外で初めて力学的エネルギーに変換した。このようにバイオマスとは間接的な関係しかなかったため、リベラルな植民地体制は、土地と労働という制約から生産力を解放したように見えた。それは同時に、新たな歴史的特性をも生み出した。それ以前は、ごく一部の地域で暖をとるための燃料でしかなかった石炭が、国際的に取り引きされる商品になったのだ。剝奪した土地で採掘された石炭は、長い距離を大量に輸送された。何億年もの歳月をかけて形成されたエネルギー蓄積は、機械化産業に動力を供給するために、一瞬のうちに消費されたうえ、補充や汚染について考慮されることもなかった。

同じくらい重要なのは、化石エネルギーが資本家に、生産関係を彼らの有利につくり替える手段をもたらした点だ。工場で頻発するストライキに動揺した英国の織物業は、一八二〇年代から三〇年代にかけて操業の大部分を、立地の制約を受ける水力から移動可能な蒸気に変更した。それはまた、地方から都市部への移転を意味した。この方法によって資本家は、プロレタリア化した労働者を大量に集めることができた。都市に住む彼らは、地方の人間以上に生活手段にアクセスできず、また工場で働く際の規律に対する忍耐力も高かったからだ。[8] 容赦ない搾取による利益は、石炭の購入費用（水と違って購入しなければならなかった）を上まわっていたらしい。

生産において産業革命を強力に推し進めた石炭火力の蒸気機関は、輸送にも革命をもたらした。鉄道と蒸気船は距離も時間も短縮した。遠距離にあった原材料と製品の輸送時間を縮め、資本回転率を高め、利益の増大を図った。[9] 農業にも重大な影響を与えた。腹を空かせたプロレタリア階級が都市にあふれたことにより、利潤追求型の持続不可能な農業を地方で展開して、利益を積み上げることができたのだ。だがもちろん、そのような状況は、都市と地方とのあいだの物質代謝の亀裂を著しく悪化させた。地方の土壌から略奪した養分は、採取の段階で土壌に返還されることなく、有機廃棄物として都市の排水溝を流れていった。石炭燃料のリベラルな植民地体制は、こうして一気に耕地の疲弊を招き、都市を汚染した。[10]

土壌層の養分サイクルの大規模な破壊は、リベラルな植民地資本主義体制において、資本主義の生態学的矛盾の縮図だった。同じくらい象徴的だったのはその対応である。ヨーロッパの土壌劣化という危機を解決すると称する改善策は、危機を悪化させるか、別の危機に置き換えただけだったのだ。まさかと思うような解決策によって巨利を得た仕事とは、グアノ〔天然肥料となる海鳥などの糞の堆積物〕を採取する仕事だった。半奴隷の中国人労働者を使って、ペルーの海岸沿いの険しい岩山から削り取られたグアノは、ヨーロッパに運ばれて肥料として売られた。それで大きな利益を手に入れたのは、イングランド人の投資家だった。そのため、反帝国主義戦争や、貿易の主導権を握ろうとした帝国どうしの戦争が続けざまに勃発した[11]。数百年をかけて集積した養分や堆積物がほんの数十年で減少し始めたことから、化学肥料の開発と普及につながった。下流に流れた化学肥料は、土壌の酸性化、地下水の汚染、酸欠海域、大気中の亜酸化窒素の濃度上昇などを招いた。どれも、人間とほかの生き物にきわめて有害な影響を及ぼす危険がある。

さらに皮肉な影響もあった。資本主義の中核において、化石燃料の生産はリベラルな植民地資本主義の時代を通して拡大した。ところが、グアノの例が示すように、土地や馬力からの解放に見えたものは幻想にすぎなかった。ヨーロッパ、北米、日本で起きた「体外的」産業化は、周辺の「体内的」採取主義という〝秘められた場所〟の上に成り立っていたからだ。マンチェスターの工場で機械をフル回転させたのは、大量輸入した「安価な自然」だった[12]。その安価な自然は、植民地で働く、従属し自由を奪われた大量の労働者から奪い取ったものだった。工場に届く廉価な綿。〝働き手〟のやる気を刺激する安上がりな砂糖やタバコ、コーヒー、紅茶。労働者の食べ物を育てる土壌に供給される、二束三文の鳥の糞。それゆえ、労働者と土地を救済するかに見えたものは実際、環境負荷の置き換えにすぎなかった――バイオマスに対する要求を、中核から周辺に移し替えただけだったのだ[13]。

宗主国がこのプロセスを盤石なものとするために用いたのは、植民地の製造業を故意に全滅させることだった。英国はエジプトとインドの織物業を意図的に破壊した。そうすることで、二つの国を英国の工場に原材料の綿を送る供給者であるとともに、製品を送り込む専属市場に格下げしたのである。[14]

生態学的帝国主義の理論家と歴史家は、いまになってようやく、この費用転嫁の影響の大きさを弾き出そうとしている。[15] そのいっぽう、反植民地主義と環境主義の原型となるものとの密接な関係も明らかにしている。リベラルな植民地資本主義の略奪に対する地方の闘争は「貧困層の環境主義」でもあり、環境正義に対する闘争の先駆けでもあった。[16] それはまた、自然の意味と価値に対する闘争でもあった。事実ありきの科学的概念の上に育ったヨーロッパの帝国主義者が服従させようとしていたのは、自然と文化とを厳密に区別しないコミュニティだったのだ。

資本主義の中核では、人々は確かに自然と文化とを区別したが、環境主義（のもととなるもの）はかなり様子が違った。〝自然〟を最も称賛したかたちで捉えた運動は、資本が思い描いたのと同じように、やはり自然を人間性に対立するものとして捉えていたが、その自然は値段のつけようもないほど崇高な姿に描かれ、それゆえ畏敬され、保護されなければならない対象だった。この自然は「自然Ⅱ」の裏面であり、やはりイデオロギー的だったが、採取主義に許可を与えるどころか、ロマン主義の保守派に産業社会に対する批判を提供した。もともと田園詩人で懐古主義の彼らに崇高な自然が吹き込んだのは、高邁な「富裕層の環境主義」だった。[17]彼らは荒野の保護に焦点を合わせた。

この時代、環境主義（のもととなるもの）に、荒野の保護以外の視点はなかったように思われがちだが、実際は別の視点も共存していた。その一つが、自然に対する資本の攻撃を、階級の不正義と結びつける視点である。その主唱者の一人は、一九世紀英国の工芸家、詩人で思想家のウィリアム・モリス。彼の生態学的社会主義は強烈な美意識を伴っていた。そして、もう一人がフリードリヒ・エンゲルス。その社会環境主義は当初、産業主義が都会の労働者階級の健康に与える有害な影響に焦点を当てていたが、のちに「自然の弁証法」に移った——あるいは、今日なら、共進化主義や生物学的創発主義と呼ばれたかもしれない。モリスもエンゲルスも社会主義生態学の豊かな伝統の種を播いたが、その後、環境主義とは狭い争点を一つだけ扱うものだという理解が広まったために、一度は忘れられていった。とはいえ、いまはそれも復活し、拡大している。[18]

### †自動車の時代

だが、リベラルな植民地資本主義のおもな遺産は、もちろん環境主義ではなかった。それは、世界を変える体外的エネルギーへの運命的な転換だった。それまで長いあいだ、地表の下に安全に隔離され、貯蔵されてきた炭化した化石を、この転換が〝解放〟した。私たちに地球温暖化をもたらしたその遺産は、続く国家管理型資本主義の時代にも受け継がれて拡大し、新たな覇権国の掛け声で、温室効果ガスの排出が著しく増加した。英国に代わって覇権国の地位に就いたアメリカは、内燃機関と石油を中心に、新たな体外的（エネルギー）産業複合体を築いた。そして、自動車の時代が到来する。それは大量消費主義者の自由のアイコンであり、高速道路の建設を進め、郊外をつくり出し、二酸化炭素を吐き出し、地政学をつくり変えた。こうしてアメリカによって、石炭火力カーボン・デモクラシーは、石油燃料版カーボン・デモクラシーに道を譲ったのである[19]。

石油はまた、社会民主主義も推し進めた。自動車製造と関連製造業の利益は少なからぬ税収をもたらし、戦後、裕福な国において社会福祉の財源となった。グローバル・ノースで社会福祉の財政支出が増加すると、その増加分を負担したのは、グローバル・サウスで自然の略奪を激化させた民間企業だったが、その皮肉を指摘する者はほとんどいなかった。グローバル・サウスの自然を再生産する費用を支払うとなると、莫大な負担がかかることになる。だが、どうやらその巨額の負担を回避してもかまわないと認められる限り、資本はより安くつくグローバル・ノースの社会的再生産費用の一部を負担するつもりだった[20]。

何より重要なのは石油だった。石油なしには、すべてが軋みを上げて停止する。石油の供給と支配を確実にするために、アメリカはペルシャ湾と中南米で多くのクーデターを支援し、石油メジャーや巨大フルーツ企業の利益と地位を守った。巨大フルーツ企業も巨大食品企業と同じように、最先端技術をフルに活用し、石油を湯水のように使い、オゾン層を激減させる冷蔵輸送を利用して、持続不可能な工業的食品システムを各地で確立するとともに、大気を盛大に汚染した。[21] 結局のところ、アメリカ国内の石油燃料社会民主主義は、軍事力で打ち立てた海外の少数独裁体制の上に成り立っていたのだ。[22]

ちょうど同じ頃、アメリカでも大きな環境運動が生まれた。その流れの一つは、リベラルな植民地資本主義体制の自然ロマン主義を受け継いでいた。一九世紀に始まったその流れは、自然保護区や国立公園の建設を通した、手つかずの自然の保護を中心としたが、ほとんどの手段は先住民を強制的に立ち退かせることだった。[23] 懐古主義とは対照的に、この〝進歩的〟富裕層の環境主義は単なる埋め合わせだった。つまり、(一部の)アメリカ人が一時的に産業文明を逃れることを目的とするものであって、産業文明の問題に取り組む運動でもなければ、その転換を促す活動でもなかった。

ところが、国家管理型資本主義の発達は別の環境主義を孵化させた。そして、産業の核心に狙いを定めた。一九六二年、生物学者で自然保護活動家のレイチェル・カーソンが著書『沈黙の春』を刊行すると、環境主義のその流れは大いに刺激を受け、企業による汚染物質の排出を削減するよう国家の措置を強く求めた。それが、環境保護庁（ＥＰＡ）の創設につながった。創設にあたっては、かつてニューディール政策の一環として、社会的再生産の支援を目的に創設された機関を下敷きにしていた。環境保護庁が設置されたのは、国家管理型資本主義体制のちょうど最後の時期にあたる一九七〇年。体制最後の大きな取り組みとして、環境保護庁は外部性を国家の規制対象とし、「外部性を内部化する」ことで、資本主義システムの危機を阻止しようとした。目玉は「スーパーファンド」である。これは、有害廃棄物によって土壌が汚染された国内の地域を、国家予算で浄化する連邦プログラムだ。ガソリン税と化学工業の法人税をおもな原資とし、強制力を持つ環境保護庁を通して、スーパーファンドは「汚染者負担の原則」を施行した。それに対して、近年の二酸化炭素の排出権取引は、鞭の代わりにニンジンを与え、市場に依存する制度である。

環境保護庁の取り組みがどれほど進歩的だったにせよ、国家管理型資本主義による自然の規制は（社会的再生産の規制と同じように）、コストを転嫁しておきながら、その転嫁を否認した上に成り立っていた。環境「外部性」の大部分を、中核の貧しい、それも特に有色人種のコミュニティに押しつけ、周辺において採取主義と環境負荷の置き換えを推し進めた。

さらに、アメリカの環境主義の産業派は、企業汚染の中心にある問題を間違った枠組みに入れてしまった。生態学的政治の適切な単位を国民国家や領域国家だと位置づけることで、企業の汚染物質排出が本質的に国境を超えた問題であるという特徴を考慮しなかったのだ。[24]温室効果ガスについて言えば、その「見落とし」はとりわけ致命的だった。というのも、それが文字通りグローバルな影響をもたらしたからである。当時、そのようなプロセスは必ずしも完全に理解されていなかったにせよ、カチカチと時を刻む時限爆弾の爆発時期を大いに早めてしまった。国家管理型の資本主義体制が、その存続期間を通して、二酸化炭素を執拗に量産し続けたからである。

## †新たな囲い込み、金融化された自然と「グリーン資本主義」

そして、金融資本主義の時代が到来した。今日、国家管理型資本主義体制から引き継いだこれらの〝欠点〟は何もかも、さらに強化されて続いている。もっとも、その基盤は変わってしまった。製造拠点をグローバル・サウスに移転したことから、かつてのエネルギー地理学はごちゃ混ぜになった。体内燃料と体外燃料はいまでも、アジア、ラテンアメリカ、アフリカ南部の一部の地域で共存している。いっぽうのグローバル・ノースは、IT、サービス、金融――別名、グーグル、アマゾン、ゴールドマン・サックス――という「ポスト物質主義的な」三本柱にますます特化している。だが、自然からの解放に見えるこの現象は、やはり誤解を招きかねない。北の「ポスト物質主義」は、南の物質主義（採鉱、農業、製造）と、国内の地方のシェールガスなどのフラッキング（水圧破砕法）や海洋掘削に依存しているからだ。同じくらい重要なことに、グローバル・ノースの消費はこれまで以上に炭素集約型になっている。航空機を使った移動、肉食、道路のコンクリート舗装や全素材処理量も急増した。

それと同時に、資本は新たな歴史的自然を矢継ぎ早に生み出した。その一つは、リチウムやコルタンといったいまの時代に不可欠な鉱石だ。コルタンはスマートフォンの製造になくてはならず、良質のものは著しい利益が望めるために、これをめぐって中央アフリカで紛争が起き、コンゴ民主共和国では奴隷待遇の子どもたちが採掘している。新自由主義を代表するもう一つの特徴は、新たな生活必需品の囲い込みだ。その最たるものが水だろう。その民営化をめぐっては、「物質的な利益」だけでなく「命の源泉」でもある水を必死で守ろうと、住民が激しく抵抗する。それはまた自然とコミュニティとの結びつきに対する、周辺の人々の考えも物語っている。[25]

囲い込みは、資本主義のどの段階においても重要な要素だったとはいえ、金融資本主義体制が生んだ新たなかたちの囲い込みは、独創的であるとともに狡猾でもある。よく知られているのは、最先端のバイオテクノロジーが最新の知的財産権法と手を組み、新たなタイプの独占レントをつくり出すことだろう。大手製薬会社が、土着の植物を使った医薬品の特許を主張するケースもある。たとえばインドセンダン（ニーム）がそうだ。この常緑樹は、何世紀にもわたって南アジアのあちこちで薬効が知られ、薬として使われてきたにもかかわらず、最近、そのゲノムを解読したとして、ある大手製薬会社がインドセンダン由来の医薬品の特許を主張している。同じように、穀物メジャーも遺伝子の抽象的な〝改良〟に基づいて、バスマティライス（インディカ米）などの品種について、特許を取得しようとしている。その品種を開発した農業コミュニティから、品種を取り上げるためである。

それどころか、「自然には」起こらない新たな歴史的自然を、収奪者が生物工学でつくり出したケースもある。悪名高き例は、バイオ化学の多国籍企業モンサント（現バイエル）の「ターミネーター」種子である。モンサントは遺伝子組み換え技術によって、この種子の発芽を意図的に一代限りとした。そのため、農場経営者は毎年新たな種子を、代価を支払って手に入れなければならなくなった。モンサントがわざわざ、種子が持つ本来の自家採種プロセスを奪ったのは、生命を人工的に一代限りで終わらせる種子を大量に売りつけることで、資本を肥え太らせるためである。[26]

資本は「自然Ⅱ」の概念を事実上覆した。そして、これまで自分たちがさんざん利用しておきながら、自己補充する力という自然の「無料の贈り物」を、他者が利用することを拒否する。自分たちは莫大な利益を手に入れ、農家には環境問題と社会問題が複雑に絡み合ったさまざまな苦難をもたらす。小規模農家の負債が急増して自殺者が相次ぎ、それでなくてもグローバルな環境負荷の高まりに苦しんでいた地域は、いっそう貧困に陥った。都市の大気汚染は悪化し、地方は行き過ぎた採取主義に喘ぎ、地球温暖化の破滅的な影響をさらに集中的に受けることになる。

このような非対称性は、規制を金融化する新たな方法によってさらに悪化する。その方法は、「自然Ⅱ」の新たな新自由主義の概念を前提にしている。公的権力の失墜に伴い、市場の機能にまつわる古くて新しい考えが登場する。つまり、市場は実効性のある主要な統治メカニズムとして機能することができ、いまは温室効果ガスの排出を削減し、地球を救うという任務を負っているという考えだ。

世界経済を脱化石燃料化し、エネルギー基盤を転換するためには巨額の調整投資が必要だが、二酸化炭素排出権取引はその投資から単に資本を奪い取ってしまう。そしてその資金は、排出権、生態系サービス、カーボン・オフセット、環境デリバティブの投機売買に流れる。このような〝規制〟を可能とし、またそれによって促進されるものは、たとえ直接的に商品化できないときにも、自然全体を抽象的な経済化論理の下に置くという、新たなグリーン資本主義者の想像力である。目の前の工場が盛んに吐き出す二酸化炭素は、どこかに植林すれば「相殺」できるという考えは、自然が代替可能で同じ単位から成り、その自然特有の位置や質的特性、経験に基づいた意味づけは無視してもかまわないという前提に立っている。[27]

同じことは、仮想のオークション・シナリオにも当てはまる。環境経済学者のお気に入りであるオークションは、競合する「選好」を実現するために、さまざまな行為者が支払う額に応じて、「自然資産」に価値を配分すると称する。だが、先住民のコミュニティは、地元の漁業資源を保護できるほど十分に「投資されている」だろうか。その漁業資源を枯渇させかねない企業の大規模漁船団よりも、先住民たちのほうがオークションで高値をつけられるとでも言うのか。もしそうでないのなら、「資産」の合理的使用は商業的搾取を許してしまうことになる。[28]

これらのグリーン資本主義者のシナリオは、自然を内部化する洗練された新しい方法を表している。これによって、認識的な抽象度は一段上がり、メタレベルとなる。だが、変わらないものもある。「自然Ⅱ」の一つ前の変異体がそうだったように、自然の金融化もまた、自然を猛烈な勢いで喰い尽くす手段だということだ。

これらの状況下で、生態学的政治の文法は変化している。化学薬品による環境汚染に取って代わって、地球温暖化が環境問題の中心になったように、強制的な国家権力に取って代わって排出権取引が主力の規制メカニズムとなり、さらには国家に代わって、国際舞台が生態学的統治の場として注目を浴びるようになった。それに伴い、環境運動の積極的行動主義も変化した。手つかずの自然を保護する流れは弱まり、いくつかに分裂した。分派の一つは、強大な影響力を及ぼすグリーン資本家に引き寄せられ、別の分派は環境正義をますます声高に主張する運動に引き寄せられた。後者はいま、多様な従属的社会集団と行為者を包含している。囲い込みと土地の剝奪に抵抗する、南側の貧困層の環境主義者。有毒物質に対する暴露（体内への取り込み）の是正を訴える、北側の反人種差別主義者。パイプライン建設の反対運動を繰り広げる先住民。森林伐採と闘うエコフェミニスト。これらの多くは重なり合い、国境を超えたネットワークでつながっている。

それと同時に、ここしばらく脇に追いやられていた国家主導のプロジェクトは、新たな勢いを得て復活の兆しを見せている。左派と右派のポピュリストの反乱は、「自由市場」の魔法の特性に対する信頼を粉々に打ち砕いた。そして、それによって一部の人々は、国民国家の権力は社会を生態学的に改革するおもな手段となりうる、という考えに戻りつつある。いっぽうにはマリーヌ・ルペン〔フランスの極右政党「国民連合」党首。右派ポピュリストとして知られる〕の「新しいエコロジー」があり、もういっぽうには「グリーン・ニューディール」がある。長年にわたって、組合員の健康と安全を守るために活動を続けてきた労働組合もまた、「成長」の抑制には慎重な姿勢を見せ、いまは雇用創出につながるグリーン・インフラ計画に期待を寄せている。

最後に、政治的スペクトラムのもういっぽうの端で若い世代を惹きつけているのが、脱成長の流れだ。若者は次の二つに魅力を感じる。一つは、物質の生産と消費者のライフスタイルという悪循環に対する大胆な文明批判。もう一つは、ヴィーガン、コモンズ化、社会的連帯経済、あるいはそのすべてを通した「ブエン・ビビール(善く生きる)」という約束である。

だが、これらは最終的に何に、そしてどこへ行き着くのだろうか。

## †自然は時間と空間を貪り喰う

ここまで、構造的議論と歴史的考察に取り組んできたのは、次の二つの命題を裏づけるためだった。第一に、資本主義には生態学的な矛盾が深く根づいており、必然的に環境危機を起こしやすいこと。第二に、その力学はほかの「非環境的な」危機の傾向と密接な関係にあるため、切り離して解決することはできないこと。その政治的合意を実践するのは難しいにせよ、概念的にはシンプルだ。地球を救える生態学的政治は、反、資、本、主、義で環境という枠を超えていなければならない。

本章で述べた歴史的考察は、この二つの命題を深化させた。すでに四つのDの論理——依存（Dependence）、分離（Division）、否認（Disavowal）、不安定化（Destabilization）——として抽象的に提示した、「資本は、みずからが依存する自然条件を不安定化するようにプログラムされている」という考えはいま、時間と空間のなかで具体的プロセスとして展開しているように見える。それはだいたい、次のような軌道を描く。中核で社会生態学的な困難が生じると、周辺（中核の周辺も含む）で略奪を引き起こす。標的となるのは、自分の身を守る政治的手段を奪われた人々の自然の富だ。どのケースにおいても、解決策は歴史的自然を新たにつくり出して私物化することにある。たとえば、以前は価値がなかったのに、とつぜん純金にも似た価値を持つようになったもの。世界中で不可欠なコモディティ。所有者がいないため、採取してもかまわないと都合よく解釈される富。どの場合にも、最後には収拾のつかない下流効果をもたらし、新たな社会生態学的問題を誘発する。そのサイクルの繰り返し。それが何度も続く。

どの体制でも、この同じプロセスを繰り返し、世界規模で展開しながら拡大する。砂糖と銀、石炭とグアノ、石油と化学肥料、コルタンと遺伝子組み替え種子。これらを介して激しく回転しながら、資本主義は征服から植民地化、新帝国主義を経て金融化まで、段階を追って前へ突き進む。その結果、中核と周辺の地理は徐々に発展し、中核と周辺が構成する空間の境界は――自然と経済の境界と同じように――周期的に変化する。そのような変化を生むプロセスは、資本主義発展に特有の空間的広がりを生み出す。

そのプロセスはまた、資本主義が一定期間で次の段階へ進むという特徴をつくり出す。どの問題も、異なる時間の尺度で作用する三つの「自然」の衝突から生まれる。ここでおさらいすると、「自然Ⅰ」は科学的現実主義者の考える、生物物理学的プロセスの自然を指す。「自然Ⅱ」は資本主義の観点から見て、存在論的に「人間性」と対立する自然である。そして「自然Ⅲ」は、史的唯物論的で人間の歴史と深く関わり合う自然のことだ。資本主義のどの段階においても、資本は「自然Ⅱ」に幻想を抱き、自然とは永遠に与えてくれ、際限なく自己補充できるものだという幻想に固執する。そして、みずからの仕様書に沿って都合よく「自然Ⅲ」を設計し直し、生態学的再生産の支出を最小限に抑えるとともに、資本の回転時間を最大限に加速させる。そのいっぽう、「自然Ⅰ」は「それ自体」の尺度で時を刻み、さまざまな効果を生物物理学的に記録して〝反撃する〟。やがて、環境や生態系に生じた被害は、資本主義社会の「非環境的な」矛盾に原因を持つ「非環境的な」被害と合流する。

この時点で、体制は資本主義発展の危機の時期に入り、後継の体制をつくる取り組みが始まる。ひとたび次の体制が立ち上がると、新たな体制は、経済と自然との結びつきを再編成して、先の体制で生じた特定の障害を解消するが、価値の法則はそのまま持ち越し、資本を最速かつ最大限に増殖することを至上命令とする。そのため、資本主義の生態学的な矛盾は克服されるどころか、時間と空間において繰り返し置き換えられる。その負担は、社会の主流から疎外された人々に押しつけられるだけでなく、将来世代にも先送りされる。将来世代の生活もまた軽視され、資本は何にも干渉されることなく永遠に存立し続ける。

現在の金融資本主義体制の組み立てから読み取れるのは、特定の体制の生態学的矛盾が、〝単に〟資本主義の発展に伴う矛盾ではないかもしれないという点だ。資本主義システムには、その体制に特有の終わりのない危機を引き起こす傾向がある。その傾向の下には、より深遠でさらに不吉な問題が隠れている。それは、数世紀をかけて悪化した温室効果ガスの排出によって、きわめて重大な危機が生じる可能性だ。その排出量は、地球に本来備わっている循環機能という能力を超えようとしている。体制を超えて悪化する地球温暖化は、桁違いの危機が起きる前触れだ。気候変動は、歴代の資本主義体制と歴史的自然の上に容赦なく積み上がり、時限爆弾は邪悪に時を刻み、人間の――人間だけではないが――歴史の資本主義の段階に、不名誉な終わりをもたらしかねない。

だが、そのきわめて重大な危機は、取り立てて言うほど差し迫った崩壊の様子を見せてはいない。現在の危機を一時的に乗り切るか、しばらくは延期できる、蓄積の新たな体制が登場する可能性も残されている。資本主義は、その非常に独創的な袖の下に、まだほかにも巧みな手段を隠し持ち、地球温暖化を少なくともしばらくは食い止めておけるのだろうか。もしそうなら、それはどれくらいの期間だろうか。その答えは、確実にはわからない。さらにまた、資本主義システムの熱心な擁護者が、そして私たちが「自然I」とのタイムレースを闘っているのなら、擁護者がその秘策を手遅れになる前に発明して世に送り出し、実行できるのかどうかもわからない。だが、これだけは確かだ。それは、その場しのぎの策でないためには、経済と自然との結びつきを根本的に編成し直し、資本蓄積という至上命令を――完全な廃止ではないにせよ――大幅に制限する必要があるということだ。

### †もつれた闘争

この結論は、私の重要な主張の正しさを立証する。すなわち、大惨事を防ぐための生態学的政治は、反資本主義で環境という枠を超えていなければならない、ということだ。反資本主義であるべきという主張の合理性は、すでに明らかだろう。環境という枠を超えているべきという主張の正当性は、先に述べた通り、資本主義社会に本来備わった生態学的な略奪行為が、支配の機能不全のかたちと密接に関わっている、という事実にある。

まず考えてほしいのは、自然の略奪と人種的・帝国主義的な収奪が内部で結びついていることだ。無主地（テラ・ヌリウス）の所有権を主張し、資本が私物化する大規模な自然は、実際には誰のものでもないどころか、たいていある人間集団の生活舞台だ。居住地であり、さまざまな意味を持つ社会交流の場であり、生活手段や社会的再生産の物質的基盤である。さらに資本が収奪の照準を合わせたその集団は、ほぼ間違いなく、自分たちの身を守るための力をすでに奪われ、グローバルなカラーラインの向こう側に追いやられてしまっている。これについては、歴代の体制を通して繰り返し証明されてきた。それは生態学的な問題が、一つには政治権力の問題と、そしてもう一つには、人種的抑圧、帝国主義的支配、土地や財産の剝奪、集団虐殺の問題と分かちがたく結びついていることの表れだ。

同様の命題は、自然の再生産と密接に重なる社会的再生産についても当てはまる。ほとんどの場合、生態系の被害によって、ケア関連、社会福祉、心身の回復に関わる仕事に就く者には、ますます強いストレスがかかる。社会的きずなが限界に達して、壊れてしまうこともある。多くの場合、ストレスは女性に重くのしかかる。家族の幸せやコミュニティとの関係について、大きな責任を担うのは女性のほうだからだ。

だが例外もある。それは、権力の不均衡によって一部の集団が他の集団に「外部性」を押しつけるときだ。国家管理型資本主義の時代には、北側の裕福な福祉国家が（程度の差はあれ）気前のいい社会支援の資金を賄うために、国外の採取主義を強化した。その場合、国内の社会民主主義と国外での支配とを、政治的原動力によって結びつけることで、ジェンダー化された社会的再生産を、人種化された生態学的略奪で相殺したのだ。その後、資本主義の熱心な擁護者は、金融資本主義体制を新たに設計することで、その相殺を無効にし、社会的再生産と生態学的略奪の両方を可能にした。

そういうわけで、資本主義発展のどの段階においても、自然をめぐる闘争が、労働、ケア、政治権力をめぐる闘争と密接に絡み合ってきたとしても、驚くには当たらない。また、争点を一つに絞った環境主義が歴史的に例外であり、政治的な問題をはらんでいたことも不思議ではない。

思い出してほしいのは、どの社会生態学的体制でも、環境闘争のかたちと定義が変化してきたことだ。重商資本主義の時代には、銀の採掘がペルーの土地や河川を汚染し、イングランドでは囲い込みが森林を破壊した。どちらの場合にも激しい抵抗運動が起きた。だが、これらの闘争の参加者は、自然や居住地の保護を、生活や政治的自治、コミュニティの社会的再生産を防衛する運動から切り離さなかった。それどころか、すべての要素をひとまとめにし、すべてが統合された生活のかたちを守るために闘った。続くリベラルな植民地資本主義の時代に、「自然の防衛」が独立した運動として実際に登場したとき、それが現れたのは生活、コミュニティ、政治的権利が実存的な意味で脅かされていない人たちのあいだだった。こうして、自然以外に大きな心配事のない人たちの単一争点の環境主義とは――必然的に――富裕層の環境主義だった。[29]

そのような高尚な環境主義は、時を同じくして起きた中核での社会環境主義や周辺での反植民地主義的環境主義とは、著しい対照を描いていた。後者の二つは、自然と人間に対する複雑に絡み合った被害を運動の目標とした点で、今日の生態学的社会主義と環境正義の闘争を先取りしていた。ところが、どちらの運動も環境主義の公的な記録からは抹消され、争点を一つに絞った環境主義だけが正典として認められた。

その公的な定義は、どういうわけか、続く国家管理型資本主義の時代に普及した。そして、手つかずの自然の保護を訴える保護主義者に、積極的行動主義者が加わった。彼らは汚染を撒き散らす企業相手に直接、国家権力を振るうよう資本主義国家に強く促した。国家管理型資本主義体制において、生態学的な問題に対する取り組みが成功を収めた理由は、国家権力を利用したからだ。反対に失敗した原因は、環境の枠を超える複雑にもつれた問題に、真剣に取り組まなかったからだ――たとえば、一国の領土を越えて影響を及ぼす、二酸化炭素排出に備わった本質的な特徴に。国内で生じた環境的人種差別の影響に。資本がロビー活動を展開し、次善策を講じ、規制の虜〔規制当局が、国民ではなく規制される側の利益を守り、特権的地位を保護するような状況に陥ること」によって規制を骨抜きにしてしまったことに。さらに、化石燃料の大量消費主義経済において、合法的な採掘作業の範囲を超えた、生態学的な濫用に焦点を当てるときにぶつかる限界についても。

同様の回避は、今日の金融資本主義体制でも健在であり、猛威を振るい、惨事をもたらし続けている。当時もいまも、とりわけ問題なのは世論を誘導する次のような前提だ。つまり、資本主義社会の制度的枠組みと構造的な力学を温存したままでも、「環境」は適切に保護されうる、という考えである。

## †環境の枠を超えた、反資本主義的な生態学的政治のために

これらの失敗は今日も繰り返されるのだろうか。地球を救う機会をみすみす逃してしまわないために、反資本主義で環境の枠を超えた生態学的政治を築けるだろうか。そのような政治に不可欠な要素の多くは、すでに何らかのかたちで存在している。環境正義の運動は原則的に環境の枠を超えている。

さらにその運動が目標とするのは、支配の一つ以上の軸――たいていジェンダー、人種、民族、国籍――と生態学的な被害とが結びついた問題のうえ、軸のいくつかは間違いなく反資本主義的だ。同じように労働運動、グリーン・ニューディールの擁護者、一部の環境

ポピュリストは、地球温暖化と闘うために階級に必要な条件（の一部）を理解している。それは、特に再生可能エネルギーへの移行と、労働者階級向けの所得雇用政策とを結びつける必要性であり、企業に対する国家権力を強化する必要性である。
最後に、脱植民地運動と先住民運動は、採取主義と帝国主義との密接な結びつきを深く理解している。この二つの運動は、脱成長の流れとともに、私たちと自然や生活様式との関係について熟考を促す。これらの生態学的政治の視点には、どれも真の洞察が隠れている。

それでもやはり、これらの運動の現状は——個別に見るか全体的に見るかに限らず——、目の前の課題にとって（いまだ）不十分と言わざるを得ない。生態学的な脅威が従属する社会集団に与える、本質的に共通点のない影響にばかり焦点を合わせている限り、環境正義の運動が社会システムの根本にある構造的力学に、十分な注意を払っているとは言いがたい。その社会システムは、結果の違いだけでなく全般的な危機をも生み出し、地球はもちろん、私たちみなの幸福までも脅かす。したがって、その反資本主義はいまだ十分に本質を捉え切れていない。環境主義の枠もいまだ十分に超えていない。

同じことは、国家に焦点を当てる運動にも言える。とりわけ（反動的な）環境ポピュリストに当てはまるが、彼らだけではなく、（進歩的な）グリーン・ニューディールの擁護者や労働組合の活動家についても言える。彼らのような行為者が、国民国家や領域国家の枠組みと、グリーン・インフラ計画を介した雇用創出を優先する限り、頭のなかにあるのは、幅の狭い、特定の視点で見た「労働者階級」だ。労働者階級には実際、建設作業員だけではなく、ケア労働に就く者やサービス業で働く者も含まれる。賃金労働者だけでなく、無償で働く者も含む。「本国」の労働者だけでなく、出稼ぎ労働者も含む。搾取される者だけでなく、収奪される者も含む。

国家に焦点を当てる動向はまた、労働者階級とみなされるべき者の地位や権力も十分に考慮していない。そしてそのためには、社会民主主義の伝統的な前提を捨てなければならない。それは、「国家は二つの考えを信奉できる」、すなわち「資本を手懐ければ地球は救える。だから、資本主義を廃止する必要はない」という前提である。したがって、その前提もまた十分には反資本主義的と言えず、環境の枠を超えているとも言えない——少なくとも、まだいまのところは。

最後に、脱成長を唱える活動家は、政治という水域を濁らせ、混乱させてしまう傾向がある。資本主義において成長しなければならないもの——「価値」——と、成長すべきだが、資本主義のなかでは成長できないもの——世界中でまだ満たされていない人間の莫大なニーズを満足させる財、関係、活動——とを一緒くたにしてしまうのだ。真に反資本主義的な生態学的政治は、価値の成長という、資本主義に最初から組み込まれた至上命令を撤廃し、いかに成長させるべきものを持続的に成長させるかという問いを、政治的な問題として扱い、民主的な討議と社会的な計画によって、その答えを見つけ出さなければならない。同じように、脱成長に関連する志向や信条、たとえばライフスタイル環境主義やコモンズ化という、若者が魅力的に思うような実験は、資本主義権力との必然的な対決を回避する傾向がある。

さらに総合すると、これらの運動の真の洞察は、生態学的政治の新たな常識をいまだ生んでいない。生態学的な社会変容につながる、対抗ヘゲモニーのプロジェクトにも集約されていない。その社会変容は、少なくとも原則的には地球を救えるかもしれないのだ。環境の枠を超えた重要な要素——労働基本権、フェミニズム、反人種差別、反帝国主義、階級意識、民主主義支持、反大量消費主義、反採取主義——は確かに存在している。だが、これらはまだ、現在の危機の構造的、歴史的原因の確かな診断に統合されるには至っていない。今日まで抜け落ちてきたのは、環境に関係があるかないかにかかわらず、現在の私たちが経験しているあらゆる困難を、一つの社会システムに結びつける——ともに、そのシステムを通してお互いを結びつける——明確で説得力ある観点だ。

私はすでに、その社会システムには名前があると述べてきた。それは資本主義社会だ。

だが、従来の定義を拡大し、資本主義経済にとって必要なあらゆる背景条件を包含した資本主義社会である。自然と公的権力、収奪と社会的再生産という背景条件はどれも必然的に、資本によって共喰いされ、貪り喰われ、今日、猛攻撃にさらされて激しくぐらついている。資本主義社会というシステムの名前を挙げ、より広範なものとして思い描くことは、私たちが考え出さなければならない対抗ヘゲモニーのパズルの別のピースを供給することだ。そのピースは、私たちがほかの人と連携するために役立つ。連携によってどんな緊張状態が生まれ、どんな相乗効果が生まれるのかを教えてくれ、彼らがどこから現れ、彼らとともにどこへ向かおうとするのかが明らかになる。〝反資本主義〟というピースは、〝環境主義を超えるもの〟に政治的方向性と批判的な力とを与えてくれる。前者がおもな敵に照準を合わせてくれるとしたら、後者は生態学的政治をより広い世界へと連れ出してくれる。

したがって、反資本主義はあらゆる歴史的ブロックに欠かせない一線を、〝私たち〟と〝彼ら〟とのあいだに引く。反資本主義は排出権取引がペテンだと暴き、解放の可能性がある生態学的政治の流れに対し、「グリーン資本主義」から公然と離脱するよう強く訴える。反資本主義はそれぞれの流れに、アキレスのかかとに注意するよう圧力をかける――それらはきわめて脆弱な状況において、(見せかけの)分離か(いびつな)階級妥協、(悲惨な）平等を追求することで、資本との対決を回避する傾向にある。さらには、反資本主義というパズルのピースは、共通の敵の存在を強く主張することで——たとえいまは具体的な目的地を思い描けず、ましてや同意できないかもしれないが——、脱成長、環境正義、グリーン・ニューディールの熱心な擁護者がともに歩む道筋を指し示す。

どこかの目的地に本当にたどり着けるのか。それとも地球温暖化が進んで、もはや地球の気温は沸点に達してしまうのか。これについては、もちろん今後の課題だ。だが、その運命を回避するための最大の希望はやはり、反資本主義で環境という枠を超えた対抗ヘゲモニーのブロックを築くことにある。そのブロックが具体的に何を目指すべきかは、いまはまだわからない。だが、もしその目的地に名前をつけなければならないとすれば、私が選ぶのは「生態学的社会主義《エコ・ソーシャリズム》」である。

そのようなプロジェクトの可能性を明らかにするために、次章では現在の共喰い資本主義が抱える危機の政治的要素について論じよう。

# 第5章 民主主義を解体する

## ——なぜ資本主義は政治的危機が大好物なのか

## †政治主義という誤り

私たちはいま、民主主義の危機に瀕している。この点について議論の余地はない。ところがあまり理解されていないのは、その危機が決して単独の危機ではなく、しかも政治領域にのみ原因があるわけではないことだ。保守的な常識とは相入れないが、現在の危機は礼節を取り戻すか、超党派精神を育むか、派閥意識に抵抗するか、真実を重視して事実に基づいた言説を擁護することでは克服できない。あるいは、近年の民主主義理論に反して政治領域を改革すること――「民主主義的エートス」を強化するか、「憲法制定権力」を復活させるか、「闘技性」を解放するか、「民主的反復」を奨励すること――でも解決できない[1]。

これらの提案は、私が呼ぶところの「ポリティシズム（政治主義）」という誤りの餌食となる。「エコノミズム（経済主義）」という言葉と同じように、政治主義者は政治社会のみを重視して、それ以外の因果関係の力に目を向けようとしない。政治秩序を自己決定するものとして扱い、その歪みを生み出す基盤がより大きな社会にあるとは考えないのだ。間違えてはいけない。民主主義が現在、直面している危機の基盤は明らかに社会にある。

これまで分析してきた問題のように、民主主義の危機もまた、より広い複合危機の一つであり、これだけを切り離して理解することはできない。独立した問題でもなければ、単なる部門の問題でもない。今日の民主主義の病弊は、社会秩序をそっくりそのまま呑み込んでいる全般的な危機の、まぎれもない政治的要素だ。その根底にあるのは、社会秩序の源泉であり、すなわち社会秩序の制度的構造とそれを構成する力学だ。民主主義の危機は政治領域を超えるプロセスと深く結びついているため、社会全体を批判的な視点で捉えることでしか、危機を理解することはできない。

それでは、社会全体とは具体的にどういう意味だろうか。聡明な観察者の多くは、社会全体を新自由主義と捉える。それも無理もないことだ。社会学者のコリン・クラウチが述べたように、近年、公的な支配から解き放たれた世界的な寡占企業に、民主主義政府が——完全に屈したとは言わないまでも——打ち負かされたことは事実である。[2] また、社会学者のヴォルフガング・シュトレークが強く訴えるように、グローバル・ノースで民主主義が衰退した時期と、法人資本の納税者が一斉に反乱を起こすとともに、グローバル金融市場が新たな主権者の座に就いたために、民主的に選出された政府が服従しなければならなくなった時期とが重なることも事実に違いない。[3]

あるいは、政治学者のウェンディ・ブラウンの主張に、異を唱えられる者は誰一人としていない。ブラウンはこう述べたのだ。民主主義の力は、内部から骨抜きにされつつある。それを可能にしているのは、効率性と選択に価値に置く新自由主義の政治的合理性であり、「自己責任」を命じる主体化と「人的資本」を最大化する様式だ、と。[4]最後に、民主的行動は「新立憲主義」によって阻止されている、と断言する国際政治学者のスティーブン・ギルは正しい。ＴＲＩＰＳ協定（知的所有権の貿易関連の側面に関する協定）や、ＮＡＦＴＡ（現ＵＳＭＣＡ、アメリカ・メキシコ・カナダ協定）などを通して、新立憲主義は新自由主義のマクロ経済政策を、国境を超えて固定する。これらの協定は、自由貿易構造を政治的な切り札として祀り上げ、公共の利益を謳う断固たる社会的、環境的立法行為を妨げてしまう。[5]個々に見るにせよ、全体的に捉えるにせよ、これらの説明は、民主主義を脅かしているのは新自由主義だという、もっともらしい印象を与える。

それにもかかわらず、問題はさらに深刻だ。何といっても、新自由主義は資本主義の一つのかたちなのだ。しかも、今日の民主主義の危機は決して資本主義にとって初めての危機ではなく、もし資本主義が続くならば最後の危機でもないだろう。それどころか、資本主義のどの発展段階も政治的混乱を引き起こし、政治的混乱によって変化してきた。

重商資本主義を周期的に掻き乱し、最終的に破滅に導いたのは、周辺で多発した奴隷の反乱と本国で起きた民主化革命だった。次のレッセ・フェール（自由放任主義）のリベラルな植民地資本主義の時代には、丸一世紀のうちの半分の時期が、政治的な混乱続きだった。たとえば社会主義者による革命の多発、ファシストのクーデター、二度にわたる世界大戦、植民地主義に抵抗する無数の蜂起。やがて二度の大戦と戦後を経て、国家管理型資本主義に道を譲った。この資本主義もまた政治的危機と無縁ではなかった。反植民地主義を掲げた大規模な反乱の波にさらされ、あちこちでニューレフトが台頭する。長引く冷戦を経験し、核兵器開発競争が勃発し、やがて新自由主義の攻撃に屈した。そして、グローバル化した現在の金融資本主義体制を迎えた。

この歴史は、今日の民主主義の危機に異なる光を当てる。どれほど深刻にせよ、新自由主義の政治的困難は、より長い物語の最も新しい章である。そして、その長い物語は、資本主義そのものの政治的試練と関係がある。新自由主義だけでなく資本主義もまた政治的危機を起こす傾向があり、民主主義とは相容れない。

これが本章のおもな前提だ。この章では、今日の民主主義が直面する困難な状況を、現在の金融資本主義の全般的な危機の一つと位置づける。だが、ここまで本書でとってきた方法を踏襲して、より説得力ある主張を展開する。つまり現在の金融資本主義だけでなく、政治的危機に向かわせる矛盾をはらんだすべての資本主義体制について論じるのだ。すでに述べたように、私が〝政治的〟矛盾と呼ぶものは、資本主義システムのDNAに深く刻み込まれている。したがって、今日、私たちが経験している民主主義の危機も例外ではなく、その政治的矛盾が、現在の金融資本主義の段階において現れたかたちなのだ。

### 資本主義〝自体〟がはらむ政治的矛盾

私の議論は、第1章で詳述した、資本主義を拡張した理解の上に成り立つ。そこで指摘したように、多くの左派の思想家は資本主義をきわめて狭く理解し、完全に経済システムと捉えている。彼らは経済に内在する矛盾に焦点を合わせ、資本主義の危機とは、不況、連鎖倒産、市場暴落といった経済の機能不全のことだとみなす。そのため、資本主義の危機の傾向を包括的に説明することはなく、経済以外の矛盾や危機のかたちを除外してしまう。こうして排除された危機は何よりも領域間の矛盾に基づいており、その矛盾は、資本主義の経済的な至上命令が、非経済的領域の再生産の至上命令と衝突する際に生じる。非経済的領域の健全性は、現在も進行中の蓄積にとって不可欠である。そしてまた人間の幸福にとって不可欠であることは、言うまでもない。

例をあげるならば、第3章で述べた、資本主義社会の社会的再生産の矛盾である。マルクス主義者は、蓄積の秘密を、商品生産の「秘められた場所」に正しく突き止めた。その場所で資本が搾取しているのは、賃金労働だ。だが、彼らはこの搾取のプロセスが、無償のケア労働という、さらに秘められた場所の上に成り立つことを、必ずしも完全には認めてこなかった。そこでは、おもに女性が無償のケア労働を行ない、「労働力」を構成する人間をつくり出し、労働のための活力を補充する。そのような社会的再生産活動にどっぷり依存しているにもかかわらず、資本は、ケア労働にまったく何の（金銭的）価値も認めない。無償で無限に利用できる活動として扱い、ケア労働を維持する取り組みをほとんど、あるいはまったく行なわない。このような放置状態に加えて、際限なく蓄積する資本の苛烈な衝動を考えれば、資本主義にはつねに、みずからが依存する社会的再生産のプロセスを不安定にする恐れがある。

もう一つ例をあげるならば、第4章で述べた資本主義の生態学的矛盾だ。資本の蓄積は自然に依存している。自然は、原材料やエネルギーなど商品生産の投入物を供給する蛇口であり、商品生産の廃棄物を吸収するシンクでもある。そのいっぽう、商品生産による生態学的費用を資本は負担しない。自然は自動的に、際限なく自己補充するものだ、と都合よく解釈する。これもまた、己の尻尾に喰いつく蛇、みずからが依存する自然の共喰いにほかならない。どちらの例にしても、領域間に存在する矛盾の基盤には、経済の枠を超えた資本主義の危機の傾向がある。社会的再生産の危機の場合もあれば、生態学的な危機の場合もある。

私がここで提案するのは、これと同じ論理を、民主主義が現在、直面している困難な状況にも当てはめることだ。そうすることで、政治以外の因果関係に目を向けようとしない政治主義の罠から抜け出せる。この方法で考察すれば、このところの政治の行き詰まりはもはや独立した問題には見えないはずだ。それどころか、その行き詰まりは領域間の矛盾に基づいている。この場合は、資本蓄積という至上命令と、蓄積が同じように依存する公的権力の維持との矛盾である。問題の核心は、こんなふうに説明できるかもしれない――合法的で実効性のある公的権力は、持続的な資本蓄積を成り立たせる可能性の条件である。それにもかかわらず、際限ない蓄積という資本の衝動には、みずからが依存する公的権力をやがて不安定にしてしまう傾向がある、と。次に述べるその矛盾こそが、現在の民主主義の危機の根源である。だが民主主義の危機はまた、資本主義システムの別の難局とも密接に絡み合っているため、単独では解決できない。

### †公的権力

先の仮説について検討するために、まずは資本が構成規範を確立し、実施するために、公的権力に依存しているという点に着目しよう。民間企業と市場交換とを支える法的枠組みがなければ、結局のところ、蓄積は想像もできない。きわめて重要なことに、蓄積は公的権力の上に成り立つ。財産権を保障し、契約を履行させ、紛争を裁定する。さらには反乱を鎮圧し、秩序を維持し、意見の相違を調整する。資本の血液である金融体制を維持する。危機を未然に防ぐか、うまく抑制する。公式の身分ヒエラルキーと非公式の身分ヒエラルキーを成文化し、施行する。公式の身分ヒエラルキーとは、たとえば市民と〝よそ者〟とを区別するヒエラルキーを指し、非公式の身分ヒエラルキーとは、たとえば労働力を売る権利を持ち、自由に搾取される労働者と、資産も身体も文字通り奪うことのできる、従属し、収奪される「他者」とを区別するヒエラルキーを指す。

歴史的に言って、ここで問題にしている公的権力はほとんど、宗主国も含めて領域国家に存在してきた。そのような国家の法制度は、脱政治化された舞台を築き、民間行為者はその舞台のなかで、「政治的」干渉を受けずにみずからの「経済的」利益を追求できた。資本主義の所有関係は収奪を通して始まり、維持され、収奪に対する抵抗運動が起きた際には、領域国家が「合法的な軍事力」を動員して鎮圧した。そしてまた、主観的権利を授ける者と授けない者とを区別したのも国民国家である。最終的に貨幣を国有化して、その発行を引き受けたのも国民国家だった。このように資本主義経済を構成してきた政治権力はさらに措置を講じ、利益を蓄積して抵抗を抑え込む資本の力を強化した。インフラを築いて保守し、「市場の失敗」を補正し、経済発展を推し進めた。社会的再生産を強化し、経済危機を緩和し、政治に及ぼす予期せぬ悪影響をうまく処理した。

だが、それで終わりではない。資本主義経済は、地政学レベルで成り立つための可能性の政治的条件も有する。ここで重要なのは、みずからが組み込まれたより広い空間を、領域国家がどう組織するのかという問題だ。資本に本来備わった拡張主義的な推力と、周辺から中核へと富を吸い上げる強力な衝動を考えれば、資本はきわめて容易にその空間を移動するように思える。だが、国境を越えて作用し、国際貿易を通して拡大し、被征服民を捕食して利益を確保する資本の能力が基盤とするのは、国家の帝国主義的な軍事力だけではない。そこには、国家の枠を超えた政治的取り決めも必要になる。すなわち国際法である。列強主導による協定であり、この超国家的体制は、ときに自然状態とみなされるグローバルな空間を（資本にとって都合のいい方法で）ある程度まで制圧する。資本主義経済はその歴史を通して、歴代の覇権国が有する軍事力と組織力の上に成り立ってきた。覇権国は、多国間の政治システムの枠組みのなかで、蓄積の着実な拡大に努めてきた[6]。

したがって、資本主義経済は国家領域レベルと地政学レベルの両方において、経済とは無関係な政治的権力の恩恵を強く受けている。その「非経済的」な権力は、蓄積のあらゆる流れにとって欠かせない。（二重の意味で）自由な労働の搾取と、商品の生産と交換にとってなくてはならない。人種的な収奪と、周辺から中核への富の吸い上げにとっても、金融、空間、知識の組織化にとっても、さらには利益とレントの増大にとっても不可欠である。周辺に付属する（社会的再生産や自然などの）政治的な力は、資本主義社会の本質的な要素ではない。資本主義社会が機能するために不可欠な公的権力こそ、制度化された社会秩序、すなわち資本主義にとって重要な本質的要素なのだ。

それにもかかわらず、政治的権力の維持は、資本蓄積という至上命令と緊張関係にある。その理由は、「経済的なもの」と「政治的なもの」とを切り離す、資本主義制度の構造的特徴にある。この点において、資本主義社会はそれ以前の社会のかたちとは異なる。古い社会では、経済と政治は事実上、融合していた。たとえば封建社会では、労働、土地、兵力に対する支配は、封建領主と封臣という単一の制度に与えられていた。

これに対して、資本主義社会では経済的権力と政治的権力とは分離している。どちらもそれぞれの分野を割り当てられ、独自の手段や様式を授けられた。[7] 生産を構成する権力は民営化されて資本に委譲され、資本は単に渇望とニーズという、人々を行動へと駆り立てる「自然」で「非政治的」な要因だけを備えればよいとされた。「非経済的」な秩序——これには蓄積の外的条件の供給も含む——を管理する仕事は公的権力の責任となり、法の「政治的」手段と国家の「合法的」暴力を利用するのは、おそらくは公的権力だけになる。したがって、資本主義において、経済的なものは非政治的で、政治的なものは非経済的だ。

資本主義の本質を制度化された社会秩序と捉えるとき、経済的なものと政治的なものとを分離することは、秩序のなかの政治的な範囲を著しく制限してしまう。社会生活の多くの面を「市場」の支配に（実際は大企業に）委譲することで、資本主義はそれらの多くの面に向かって、民主的な意思決定、集団行動、公的支配は〝立ち入り禁止〟だと宣言した。

この決定は、集団的に意思決定する私たちの能力を奪い取る。たとえば、私たちは何を、どのくらい生産したいのか。そのとき、どのエネルギーを使って、どんな社会関係を用いたいのか。そしてまた、集団的に生産した社会的余剰を、どのように使いたいのか。自然や将来世代とどんな関係を持ちたいのか。社会的再生産の仕事をどのように構成し、生産の仕事との関係をどのようにしたいのか。このようなことを決める能力も、私たちから奪い取る。それゆえ、資本に本来備わった構造によって、資本主義は基本的に反民主主義だ。最良の状態においてさえ、資本主義社会の民主主義は必然的に制限され、脆弱になってしまう。

ところが、資本主義社会はたいてい最良の状態にはない。そして、その社会がいかなる民主主義を適合させようとしたとしても、やはりガタついて不安定に違いない。問題は、資本がまさにその本質的な特性において、両方の目的をまんまと達成しようとすることだ。いっぽうで公的権力の甘い汁を吸い、蓄積に不可欠な法体制、反乱を抑え込む力、インフラ、規制機関を巧みに利用する。そのいっぽうで、利潤に対する飽くなき欲望に駆られた一部の資本家階級が、周期的に公的権力に反抗し、市場よりも劣っていると厳しく批判し、公的権力の弱体化を狙う。そのような場合に、企業の短期利益が資本の長期的生き残りを凌ぐとき、資本はまたしても、みずからの存立の可能性を左右する政治的条件を破壊する恐れがある。

このように、政治的矛盾は資本主義社会の制度構造の奥深くに巣食っている。先に述べたほかの矛盾と同じように、危機を生む傾向の根源である政治的矛盾も、経済の「内部」には位置しない。それはむしろ、経済と政体とを分離するとともに結びつける境界に存在する。領域間の矛盾は資本主義そのものに備わっているため、どの体制の資本主義社会においても政治的危機を引き起こす傾向がある。

## †資本主義の歴史における政治的危機

ここまで、資本主義そのものが政治的危機をはらむ傾向について、その構造を詳しく論じてきた。ただし、資本主義社会は「それ自体」では存在しない。蓄積の歴史的に特定のかたちか体制においてのみ存在する。しかも、ひとたび決定したらそれで終わりではなく、「経済的なもの」と「政治的なもの」との構造的な分離は、論争と変化の的となりやすい。

とりわけ危機の時期には、社会的行為者は経済と政体との境界をめぐって闘争し、ときにその引き直しに成功する。

例をあげれば、二〇世紀に国家は階級闘争の激化を受けて、雇用の促進と経済成長という新たな責任を負わざるを得なくなった。ところが、二一世紀に向かう頃には「自由市場」の熱心な擁護者が国際ルールを変え、国家に対してそのような責任を放棄するよう強く迫った。結局、どちらのケースでも、経済と政体とのあいだに築かれていた境界が引き直された。資本主義の歴史において、そのような分離は数度にわたって変化を繰り返し、どの段階においても公的権力を変化させ、蓄積を可能としてきた。

第1章で私が「境界闘争」と呼んだものが生むそのような変化は、資本主義社会の新たな体制の到来を告げた。これらの前景となる考えを採用するならば、本書で明らかにした蓄積の四つの歴史的体制が、政治にも当てはまることがわかる。最初が、近代初期に登場した重商資本主義体制。次が、一九世紀のリベラルな植民地資本主義体制。続いて、二〇世紀半ばの国家管理型の独占資本主義体制。最後が、現在のグローバル化した金融資本主義体制である。どの体制においても、資本主義経済の政治的条件は、国家領域レベルと地政学レベルにおいて、制度的に異なるかたちで現れた。どの体制においても、資本主義社会の政治的矛盾は異なる外見を持ち、危機の現象も異なるかたちで現れた。そして最終的には、異なるかたちの社会闘争を誘発した。

まずは、重商資本主義について見ていこう。この体制は、だいたい一六世紀から一八世紀にかけて二〇〇年ほど勢力を振るった。この段階の資本主義経済は、ごく部分的に国家と分離していたにすぎない。土地も労働も真の意味で商品ではなかった。ヨーロッパの中心にある都市や町においてさえ、道徳的な経済規範が依然、日常的な相互作用のほとんどを決定していた。絶対主義体制の君主は絶大な権力を使って、領土内の商業を厳しく規制したいっぽう、海外では（兵力を介した）略奪によって利益を上げた。また、奴隷、貴金属、贅沢品の世界市場が拡大し、（最初はジェノヴァの、続いてオランダの覇権下で資本主義的に組織された）遠隔地貿易からも利益を上げた。その結果、国内と国外とのあいだで分離が起きた。本国では商業を厳しく規制したが、本国の外では「価値法則」が重視されたからだ。

しばらくはその分離も有効だったが、やがて維持できなくなった。この秩序において緊張が高まったのは、国際的な価値論理が、ヨーロッパ諸国の国内にも徐々に浸透し始めたからだった。そして、土地の所有者とその土地に従属して暮らす者との社会的関係を変え、都市の中心において職業と商業の新たな環境を育んだ。それがリベラルで、さらには革命的な思考を養った。同じように破滅的で、しかも深刻だったのは、君主の積み上がる債務だった。何が何でも財源を確保する必要に迫られ、切羽詰まって議会の原型となる会議を招集した君主もいたが、最終的にその君主も議会をコントロールし切れなくなり、それが革命につながったケースもあった。

この経済の弱体化と政治の混乱によって、一九世紀に新たな体制が重商資本主義体制に取って代わった。その体制は「リベラル」な資本主義、あるいは「自由放任主義」資本主義と呼ばれることが多い。とはいえ、後述するように、どちらの呼び方も非常に誤解を招きやすい。

この体制において、経済と政体との結びつきは再構成された。ヨーロッパのおもな資本主義国家は、国内の商業を規制するために、もはや公的権力を直接、利用することはなかった。むしろ、政治のコントロールを表立って受けずに需要と供給の「純粋に経済的な」メカニズムを通して、生産と交換が自動的に機能して見えるような「経済」を構築した。その根底にあるのは新たな法的秩序だった。その秩序は、契約、私有財産、価格を設定する市場、「自由な個人」の主観的権利を重視した。この場合の自由な個人とは、効用を最大化する、対等な取引者とみなされる者を指す。そして、国家の公的権力と資本の私的権力との厳然たる分離と見えるものを、国家レベルで制度化した。

だがもちろん、国家はそのあいだもずっと、抑圧的な権力を用いて土地の収奪を正当化し、地方の住民を二重の意味で自由なプロレタリア階級に変えていった。国家はその方法で、階級の前提条件を確立し、賃金労働の莫大な搾取を可能とした。賃金労働が化石燃料と結びついたとき、工業生産の力強い離陸に勢いを与え、それに伴い、激しい階級闘争が生じた。好戦的な労働運動やそれに類する運動が、階級妥協を引き出すことに成功した国もある。多数派民族の男性労働者は、参政権と政治的市民権とを勝ち取ることと引き換えに、職場を支配し、労働者を搾取する資本の権利を事実上、容認した。

対照的に、周辺ではそのような妥協の余地はなかった。ヨーロッパの宗主国は政治的な自制心を何もかもかなぐり棄て、兵力を結集して反帝国主義者の反乱を鎮圧した。その後も被支配民からの桁外れな略奪を維持するため、植民地保有国は英国の覇権下にある自由貿易帝国主義に基づいて、植民地支配を盤石なものとした。そのような事情を考えたとき、私は「自由放任主義資本主義」という表現に疑問を抱き、「リベラルな植民地資本主義」と呼ぶことにした。

さらに言えば、この体制はほぼ最初から経済的にも政治的にも不安定だった。中核の民主主義国家では、政治的な平等と社会経済的な不平等とは緊張をはらんだ関係にあった。本国では政治的な権利が拡大されたというのに、周辺で続く過酷な支配を思って、一部の者の心は穏やかではなかった。

同じように非情だったのは、政治思想家のハンナ・アーレントが分析した矛盾である。それは、リベラルな植民地資本主義において、経済的論理の推力は領土内に制限されなかったにもかかわらず、民主主義政体の特徴は領土内に制限されたことである。[8]経済史家で人類学者のカール・ポランニーが、著書『大転換』のなかで強調したように、経済と政体の構造が慢性的な危機状態にあったとしても不思議ではない。「リベラルな」資本主義は、経済面では周期的な不況、市場の暴落、恐慌に見舞われ、政治面では苛烈な階級闘争、境界闘争、革命をもたらした。これらを掻き立て、またこれらによって掻き立てられたのは、国際的な金融の混乱、反植民地主義の反乱、帝国主義者間の戦争だった。[9]二〇世紀に入る頃には、この資本主義のかたちはさまざまな矛盾を生み、長引く全般的な危機へと発達した。それが最終的に解決するのは、第二次世界大戦後に新たな体制が取って代わったときである。

そして誕生した新たな国家管理型資本主義体制において、中核に位置する国家は、本国で公的権力をもっと積極的に用いて、危機を未然に防いだり緩和したりした。一九四四年、アメリカの覇権下で、資本を規制するブレトン・ウッズ体制が確立すると、国家はその体制を十分に活用してインフラに投資し、社会的再生産の費用の一部を負担した。（間近に迫った）完全雇用と労働者階級の大量消費主義を推進し、協調組合主義の三者協議のパートナーとして労働組合の参加を容認した。さらに、経済発展を積極的に推し進め、「市場の失敗」を補正し、多くの場合、国家の利益となるよう資本に規律をもたらした。目的の一つは、民間の資本蓄積を維持する条件を確保することだったが、これは政治の範囲を拡げるとともにその弱体化を招いた。市民権の価値を高め、資本主義システムが生み出す利益を供与することで、革命を起こしそうな階層を取り込んだのだ。

結局、数十年のあいだは事態も安定したものの、その代償は大きかった。資本主義国家の中核において、多数派民族の男性工場労働者に「社会的市民権」を与えるという制度は、あまり望ましくない背景条件の上に成り立っていたからだ。それは家族賃金を通した女性の従属であり、人種的、民族的な排除であり、当時、第三世界と呼ばれた土地で盛んに行なわれていた帝国主義的な収奪である。収奪は古い手法だけでなく、新たな手法によっても続いた。それは社会の安定を図り、経済発展を促し、市場を介した略奪から人々を保護することを目的とした、旧植民地国家の能力を著しく制限するものであった。結果的に、政治の時限爆弾がカチカチと音を立てて時を刻み、最終的に爆発はほかのプロセスと一緒になって、国家管理型資本主義体制の崩壊を招いた。

結果として、このかたちの資本主義もまた、経済的、政治的矛盾に直面した。賃金上昇に加えて広く生産性が向上し、中核において製造業の利益率が低下したことを受け、資本は政治的規制から市場の力を解き放つという、新たな取り組みに乗り出した。そのいっぽう、世界中のあちこちでニューレフトが台頭し、資本主義システムを支える抑圧、排除、略奪に異議を唱えた。そして、長引く危機の時代が到来する。ときに激しく荒れ狂い、ときに沸々と煮えたぎり、そのあいだも国家管理型資本主義体制の安定は、現在の金融資本主義体制にひそかに切り崩されていった。次に、その新たな体制について見ていこう。

## †ダブルパンチ

こうして登場した現在の金融資本主義は、経済と政体との関係を再びつくり直した。この体制で国家に代わって、グローバル化する経済の権威者たる地位に就いたのは、中央銀行とグローバルな金融機関だった。いまや重大な影響を及ぼすルールを量産しているのは、国家ではなく中央銀行とグローバルな金融機関である。そのルールは資本主義社会の中心的な関係を——労働と資本との関係、市民と国家との関係、中核と周辺との関係、そして最も重要なことに債権者と債務者との関係を——決定した。債権者と債務者との関係は金融資本主義の中心を成し、それ以外のあらゆる領域に浸透している。資本はいま、おもに債務を通して、労働者を共喰いし、国家に規律を守らせ、周辺から中核へと価値の移転を図り、社会や自然から富を吸い上げている。債務は国家、地域、コミュニティ、家計、企業を通して流れ、最終的に経済と政体との関係を劇的に変えてしまう。

一つ前の国家管理型資本主義体制は、企業の短期利益よりも、持続的な蓄積という長期目標を優先する権限を国家に与えていた。それに対して、現在の金融資本主義が金融資本に与えたのは、国家と国民を規律に従わせ、民間投資家の直接の利益を優先する権限である。それはダブルパンチだった。一つ目のパンチは、以前は（何らかのかたちで）市民に責任を負っていた国家制度が、市民の問題を解決し、ニーズを満たすことがますますできなくなることだ。二つ目のパンチは、それまでも国家の能力を妨害してきた中央銀行とグローバルな金融機関が、「政治的に独立」することになり、これによって国民に対する説明責任がなくなり、投資家や債権者の利益のために自由に行動できるようになることだ。

そのいっぽう、地球温暖化のような規模の大きな緊急課題となると、公的権力の手には負えない。どんな場合にも、公的権力は多国籍企業とグローバルな資金の流れには勝てない。それらは、国境線に縛られる政治機関のコントロールを巧みに逃れる。ほとんどの場合、公的権力にとって私的権力の手綱を握るのはいっそう難しくなる。そのため、金融資本主義は「脱民主化」「ポスト民主主義」などの新しい造語と結びついた。

債務による蓄積を軸とする体制への移行は、国際秩序の大規模な再編によって生じた。ここで重要なのは、資本を規制し、為替レートを一定に保ち、金の兌換性を支えたブレトン・ウッズ体制の崩壊（一九七一年）であり、世界銀行とＩＭＦに、経済自由化の代行者という新たな役割を与えたことだった。この両方を推進したのは、覇権の維持を狙うアメリカだった。やがて一九八〇年代に入ると、開発途上国に対するアメリカ主導の猛攻撃が始まる。まずは「ワシントン・コンセンサス」〔経済危機に陥った開発途上国に対する、アメリカ政府、ＩＭＦ、世界銀行の合意による経済安定・改革の政策パッケージ〕であり、次が構造調整プログラムである。グローバル・サウスの大部分に、債務という銃口を突きつけて経済の自由化を要求したことで、多額の債務を抱えた各国は輸出加工区を設け、本国への仕送りを期待して出稼ぎ労働者を送り出し、大急ぎでハード・カレンシー〔国際決済通貨〕を掻き集めた。

それとともに、製造拠点を半周辺に移転したことが、次の二点で資本を勢いづかせた。一つは南側で人種を根底に置く制度化を図ったことであり、もう一つは資本主義の中核で強大な力を持つ労働組合を撲滅しようとしたことだ。この方法で、社会民主主義に対する政治的支援の弱体化を図った。また同じ頃、資本規制が撤廃され、単一通貨ユーロが発行された。これにより、ほぼすべての国家から自国通貨を管理する権限を奪い取った。その結果、通貨は債券市場と格付け会社に翻弄されることとなり、危機管理の重要なツールが使えなくなった。[10] こうして、周辺の国家にとってお馴染みだった立場に、今度は中核の国家が追いやられてしまった。グローバル経済の力に屈し、管理したくとも自分たちにはどうにも管理できない立場に陥ってしまったのだ。

対応策の一つは政策転換だった。社会学者のコリン・クラウチは巧みにもそれを、国家のケインズ主義から「民営化されたケインズ主義」への転換と呼んだ。[11] 国家のケインズ主義では、税金と政府支出の増加によって消費者の総需要水準を上昇させる。これに対して「民営化されたケインズ主義」では、消費者に借り入れを奨励する。実質賃金の低下、募る雇用不安、法人税の減収という好ましくない状況下で、引き続き高い水準の消費者支出を促すためである。このような政策転換は、「証券化」によって目も眩むような高みに押し上げられたあげく、サブプライム危機を引き起こし、それが引き金となって、二〇〇七—〇八年には世界の金融が危うくメルトダウンを起こしかけた。

あれほど不条理な結果はなかったに違いない。国家と経済との関係を根本的に再編するどころか、ときの権力者の決定は、公的権力に対する民間債権者の影響力を揺るぎないものにしてしまったのだ。公的債務危機で采配を振った中央銀行とグローバルな金融機関は、債券市場の攻撃を受けた国家に「緊縮政策」を強いた。国際的な貸し手に貪り喰わせるために、自国民を皿に盛って差し出せ、と命じたのである。かつて「ポスト国民民主主義」の化身とみなされていたEU（欧州連合）は、慌てて銀行家や投資家の命令に従った。多くの人の目に、その光景は民主的正統性という権利の喪失と映った。

## 骨抜きにされる公的権力

一般的に、金融資本主義は「政府なき統治」の時代だ。同意という隠れ蓑のない支配という意味だ。金融資本主義体制において、強制的に施行可能なルールでうまい汁を吸うのは国家ではなく、EU、WTO（世界貿易機関）、NAFTA（現USMCA）、TRIPS協定などの国境をまたぐ統治体制だ。そして、そのルールはいま、世界中の莫大な社会的相互作用を支配している。これらの体制は、誰に対する説明責任も負わず、もっぱら資本の利益のためだけに行動する。「自由貿易」と「知的財産」という新自由主義の考えを「憲法に定めて」グローバル体制に組み込み、民主的労働と環境立法に前もって備える。最終的に、この体制はさまざまな手段を駆使して、私的（企業）権力による公的権力の捕獲を推し進めるとともに、国内で公的権力を植民地化し、民間企業を真似た新たな様式をつくり出した。

全体的な結果として、公的権力はどのレベルでも骨抜きにされた。政治議題となる範囲はあちこちで縮小される。その方法が外部の命令（「市場」や「新立憲主義」の要求）の場合もあれば、内部の決定（企業による捕獲、民営化、新自由主義的な政治的合理性の普及）の場合もある。かつては間違いなく民主的政治行動の範囲だった物事も、いまでは〝立ち入り禁止〟を宣言され、「市場」――金融と法人資本の利益――に委譲されている。しかも困難を押しつけられるのは、そのような動きに反対する人たちだ。

金融資本主義体制において資本の擁護者は、新たな管理体制に異議を唱えかねない公的権力や政治勢力を、躊躇なく標的にする。その手段は、緊縮政策を拒否する国民投票や選挙を無効にすることかもしれない。実際、ギリシャは二〇一五年の国民投票で緊縮財政策を拒否したものの、最終的にEUに屈することとなった。あるいは、緊縮政策に否定的な、国民的人気を誇る候補者の立候補を妨害することかもしれない。それが実際に、二〇一七―一八年のブラジルで起きたことだ〔二〇一八年大統領選の本命と目されていたルーラ元大統領が、収賄罪を理由に立候補資格を取り消されたことを指す〕。

この時代を通して、資本主義の大企業（巨大フルーツ企業、大手製薬会社、巨大エネルギー企業、巨大防衛関連企業、世界的IT企業）は、長年お馴染みの活動を続け、世界各地で権威主義、抑圧、帝国主義を促進し、戦争を誘発してきた。近年の難民危機は大部分、資本主義の大企業の責任であるとともに、その大企業と強く結びついた国家主体の責任でもある。

さらに一般的に言って、現在の蓄積体制は民主的統治の危機を生んだ。とはいえ、それは独立した問題ではなく、危機の土台には、みずからを不安定にする資本主義社会の矛盾に満ちた力学がある。一部の人間が「民主主義の欠陥（赤字）」と呼ぶものは、実のところ、資本主義に本来備わった政治的矛盾が、現在の金融資本主義体制において現れた特有のかたちなのだ——そして、暴走する金融化は政治領域に押し寄せ、緊急の課題も解決できないほど政治的権力を著しく弱体化させてしまった。そのなかには、地球上の生命はもちろん、蓄積の長期的な見通しまで危険にさらす、地球温暖化のような問題も含まれる。

過去のどの体制とも同じように、金融資本主義においても、民主主義の危機は単なる部門の問題ではない。より大きな複合危機の側面を持ち、生態学的、社会的再生産的、経済的な側面を含んでいる。これらの側面と分かちがたく結びついた現在の民主主義の危機は、金融資本主義の全般的な危機の重要な構成要素である。この全般的な危機を解決しない限り、すなわち社会秩序を根本的に転換しない限り、現在の民主主義の危機は解決できない。

## †歴史的に重大な岐路

それでもまだ、現在の民主主義の危機について言い尽くしたわけではない。金融資本主義に本来備わった矛盾が非偶然的に展開されているとして、ここまではおもに構造的な観点から検討してきた。本章だけでなくその前の数章でも論じたように、この観点は不可欠だ。とはいえ、現在の危機をすべて明らかにするためにはまだ十分ではない。全般的な危機の例に漏れず、民主主義の危機もヘゲモニーの次元を含んでいる。

危機とはつまるところ、単に社会メカニズムの流れを堰《せ》き止める〝丸太のつかえ〟ではない。蓄積の回路の障害物でもなければ、統治システムの遮断物でもない。そのような捉え方では、真の意味で「危機」と呼ぶに値しない。危機の意味には、組織的な窮地だけでなく、その窮地に対する社会的行為者の反応も含まれる。精彩を欠く「システム論的な」理解に反して、十分に危機とみなされるためには、社会的行為者が真の危機として体験する必要がある。外部の観察者にとって危機のように見えるものが、歴史的に真の危機となるのは、その社会の参加者がその体験をまさしく危機とみなすときだ。たとえば、彼らが体験している緊急の課題が、既存の秩序にもかかわらずではなく、まさにその秩序を原因として生じ、しかもその秩序では解決できないと直感的に感じたときである。そして、必要となる人数がその秩序は集団行動によって転換でき、また転換しなければならないと決意したときにようやく、客観的な窮地は主観的な声を得る。そのときになって初めて、決断が求められる歴史的に重大な岐路という、より大きな意味を持つ危機について話すことができるのだ。[12]

## †ポピュリズムの波とパンデミック

それが、今日の私たちを取り巻く状況だ。金融資本主義の政治機能の不全は、もはや「単に」客観的なものではなく、主観的な相関物を見つけた。かつて観察者が危機だとみなしていたかもしれない状態は、完全な危機になり、世界中の人がそれまでの政治を見捨ててしまった。最も劇的な離脱が起きたのは二〇一六年のことだ。その年、英米というグローバル金融の二大要塞の有権者が、いっぽうはブレグジット（英国のEU離脱）を決め、もういっぽうではトランプ大統領を選出して、新自由主義の政治設計者に激しい非難を浴びせたのだ。

だが、そのようなプロセスはすでに世界のあちこちで進行していた。金融化を推し進めた中道派の与党を見限り、市民が選んだのは金融化に反対の意を表明した新興勢力のポピュリストだった。多くの地域で右派のポピュリストは、労働者階級に属する多数派民族の有権者の心を巧みに摑んだ。グローバル資本から、「押し寄せる」移民から、そしてマイノリティの民族や宗教信者から、自分たちの国を「取り戻す」と約束したのである。対する左派のポピュリストは、選挙では（ラテンアメリカやヨーロッパ南部を除いて）、右派ほどの得票数は集められなかったにもかかわらず、市民社会では存在感を発揮した。そして、包括的に定義した「働く家族」や「九九パーセント」〔二〇一一年の「ウォール街を占拠せよ」運動で、デモの参加者が経済格差の是正を求めて掲げたスローガン「1％の富裕層と99％の私たち」から〕の立場に立つとともに、「超富裕層」に有利になるようシステムは「不正に操作」されていると主張して、資本主義システムに立ち向かった。

個々のポピュリズム政党の構成はまったく異なり、その後もそれぞれ浮き沈みがあったことは確かだ。だが、全体を通して包括的に見れば、ポピュリズム政党の台頭は政治の風向きの大きな変化を告げていた。ポピュリズムの波は新自由主義の常識というヴェールの向こうを見通し、市場に対する恋愛感情にも似た熱を冷まし、多くの市民に既成の枠に囚われずに考えるよう焚きつけた。グローバル自由市場で企業が競争することが、社会的協調を手に入れる最良の方法だという「保証」はない。そのため、政治的発明の範囲は拡がり、以前は考えられなかった選択肢が視野に入ってきた。そして、資本主義の危機は新たな形成段階を迎えた。資本主義システムにおいて、これまで「単なる」システム上の障害の寄せ集めにすぎなかった問題は、いまや完全にヘゲモニーの危機になったのだ。[13]

ヘゲモニーの危機の中心にあるのは、経済と政体との境界をめぐって、このところ公然と交わされる議論だ。公的機関が定めた計画は、競争市場を勝ち抜いた計画よりも著しく劣るという考えは、もはや自明の事実ではなくなり、いまでは激しい反発に遭っている。

拡大する階級格差や人種差別に基づく不正義の横行だけでなく、気候変動や新型コロナウイルス感染症のパンデミックへの対応によって、新たに勢いづいた社会民主主義者は、ポピュリストや民主社会主義者と合流して公的権力の立て直しを模索する。国家的枠組みを想定する者は、金融化が経済や生態系、社会、政治に及ぼす破滅的な影響から市民を守るために、政府が大胆な措置を講じるように主張する。あるいはオルター・グローバリゼーション〔平等で公正な新しいグローバリゼーションをつくり出そうという運動〕と、環境正義を求める活動家は、グローバルもしくは国境を越えた新たな公的権力を思い描く。彼らが望むのは、強い影響力と広い勢力範囲を備え、投資家の手綱を握り、地球の健全性を脅かす国際的な危機を克服する公的権力である。

どの程度の再編が必要かについて、意見の不一致があることは間違いない。社会民主主義者とポピュリストの考えでは、政府は資本主義の根底にある所有関係と蓄積の原動力を妨げることなく、雇用と収入、公衆衛生、居住可能な地球を保証できるはずだという。ところが、社会主義者とラディカルなエコロジストの考えは違う。彼らにとっては、この種の問題を公的に議論すること自体が、新自由主義の常識が崩壊したという十分な証明だ。それだけではない。たとえ内部的に分裂したとはいえ、国家が経済を統治する能力を強化するために、経済と政体との境界線を引き直そうとする有権者が、かなりたくさん存在する証拠だというわけだ。

この主張に弾みをつけたのが、新型コロナウイルス感染症のパンデミックの発生だった。反マスク、反ワクチンのリバタリアニズムと、経済至上主義の声が熱狂的に高まったにもかかわらず、コロナウイルスは公的権力の正当性を証明する規範的役目を果たした。今回のパンデミックでは、インフラを維持し、サプライチェーンを確保する必要があった。マスクを着用し、ソーシャルディスタンスをとり、外出を控えるように命じることで、感染者数のカーブを平坦化させなければならなかった。検査を実施し、感染経路を追跡し、感染者を隔離して感染速度を遅らせるとともに、ワクチンと治療法を開発し、資金を調達し、有効性を確かめてから供給する必要があった。さらには、最前線で働く医療従事者と感染リスクの高い市民を守り、補助金を出して生活水準の維持を図り、ケア労働と子どもの学校教育を調整しなければならなかった――これらのすべてを、負担と利益を公平に分配する方法で供給するには、やはり政府機関の緊急措置が必要だという正当性を裏づけるお手本になったのだ。

結局、民間部門は何一つ重要なニーズを満たせなかった。その証拠に、国家によって結果に大きな差が出た。感染率を下げ、命を守ることについて言えば、公的権力を軽んじ、その使用を制限する政治文化を持つ国家よりも、公的権力を高く評価し、幅広く積極的に展開する権限を持つ国家のほうがはるかにすぐれていた。もし私たちが合理的な社会に住んでいるのならば、新自由主義は薄れゆく記憶になっていたはずだ。[14]

### †カーテンの奥

ところが、私たちが住んでいるのは、まさしく不合理が蔓延する資本主義社会である。そのため、現在の危機がたちどころに、あるいは闘わずして解決されるという前提は成り立たない。それどころか、金融資本と法人資本の代理人は、国境を越えたグローバルなレベルで権力のレバーを握り続け、制度を自在に操っている。新自由主義のルールは効力を持ち続け、新たな針路を描こうとする市民の取り組みをいまなお妨げる。さらに国家レベルで言えば、資本の代理人は公然たる反対をものともせず、政治権力の維持か奪還に大いに成功した。彼らに異議を唱えるポピュリストが政権に就き、人々の期待を裏切ったときでさえ――あるいは、そのときには特に――資本の代理人は支援を強化した。

この最後のシナリオは、実際にアメリカで起きたことだ。二〇一六年に大統領に就任したドナルド・トランプは、選挙キャンペーンで労働者階級を支援する政策を約束していた。ところが当選を果たすと、その公約を棄てて企業寄りの政策に乗り換えた。あれこれスケープゴートに罪を被せることで責任を逃れようという、ヘラクレスばりの努力を重ねたにもかかわらず、重要な激戦州の一部でトランプの支持者がそっぽを向き、二〇二〇年の大統領選では現職の敗北を決定的なものとした。その大統領選で、トランプの対抗馬として、進歩的な新自由主義を復活させると約束した民主党の候補者は、誰あろう、オバマ政権で副大統領を務めたジョー・バイデンだった——そもそもトランプ主義をもたらす基盤をつくり出したのは、オバマ政権だったというのに。しかも、その状態はバイデン政権の終わりまで続くことになるのだろう。[15]

とはいえ、左派のポピュリズム政権もまた人々の期待を裏切ったことは認めなければならない。左派も国内では失敗を犯した。それは間違いない。だが、彼らが軌道から外れたのには外部要因が大きい。ギリシャのシリザ（急進左派連合）は、「トロイカ（三頭立ての馬車）」と呼ばれたEU、IMF、欧州中央銀行に屈した。トロイカには、やりたい放題の投資家のニーズより、九九パーセントのニーズを優先する真摯な努力をするつもりはなかったのだ。

いずれにせよ、トランプ、ブラジルのボルソナロ大統領（当時）、インドのモディ首相、トルコのエルドアン大統領などにはどこか空疎なところがある。思い出すのは『オズの魔法使い』の物語だ。彼らの姿と重なるのは、着飾ってカーテンの前に立ち、もったいぶった演出を心得たショーマンの姿であり、真の力はカーテンの奥に隠れている。もちろん、その黒幕とは資本であり、利益に対する飽くなき欲望に駆られて、世界中の数十億の人々を、短く不十分な人生に追いやる巨大企業、機関投資家、銀行、金融機関のことだ。さらに、ショーマンには、自分の支持者たちの問題について何の解決策もない。なぜなら、まさしくその問題をつくり出した勢力と親密な関係にあるからだ。

ショーマンにできることは、派手な見せ物や演出だけだ。表舞台に立つ彼らは、問題が悪化して解決策を披露できなくなると、ますます奇異な嘘や悪意ある責任転嫁によって、いっそう大きな賭けに出ざるを得なくなる。誰かがカーテンを開けてショーがインチキだと暴露しない限り、演出はエスカレートするばかりだ。

そしてそれこそが、主流派の進歩的な反対勢力がなしえなかったことだ。カーテンの奥に隠れた権力の正体を暴くどころか、おもな「抵抗勢力」はずいぶん前からその正体と深く関わり合ってきた。ここで言う抵抗勢力とは、フェミニズム、反人種差別、LGBTQ+の権利、環境主義といった、世間で認知度が高く、リベラルで能力主義的な社会運動を指す。彼らはリベラルなヘゲモニーの下で活動し、進歩的な新自由主義ブロックの下級パートナーという役割を長く果たしてきた。これには、グローバル資本の「先進的な考え」を持つ部門（IT、金融、メディア、エンターテインメント）も含まれる。そのため、進歩主義者もまた表舞台の人間として役に立ったものの、その方法は違った。彼らが使ったのは、新自由主義の略奪的な政治経済学を、解放を唱える薄っぺらな魅力でごまかすという方法だった。

その結果が、真の解放とはほど遠いことは間違いない。この罪深き同盟が、圧倒的多数の人たちの生活状況をとことん破壊し、右派を育む土壌をつくり出してしまった。だがそれ〝だけ〟ではない。フェミニズム、反人種差別などの運動と新自由主義とを結びつけたために、いつかダムが決壊して、多くの人が新自由主義を拒絶するときには、フェミニズムや反人種差別もまた一緒に拒絶されることになってしまうのだ。

それによって大きな恩恵を被るのは、少なくともいまのところは、反動的な右派のポピュリズムだ。そしてまた、だからこそ、私たちはにっちもさっちもいかない政治の袋小路に入り込み、いっぽうは退行的で、もういっぽうは進歩的という、表舞台に立つ相容れない人間どうしのインチキな戦いに巻き込まれ、まんまと目を逸らされている。その陰で、カーテンの奥の黒幕は大笑いしながら銀行へ向かっているというのに。

## †空白期

そうであるならば、今日の私たちはどうすべきか。同盟の新たな再編成もなく、私たちの目の前に広がるのは荒れた大地だ。広く正統とされるヘゲモニー・ブロックはない。信頼の置ける、明確な対抗ヘゲモニーと呼べる挑戦者もいない。この状況で近い将来のシナリオとして可能性が高いのは、さまざまな勢力が入れ替わり覇権を争うことだろう。公然たる新自由主義（進歩的か退行的、多様性支持か排他的、リベラルな民主主義者か原始的ファシズムの信奉者）と、自称・反新自由主義（左派もしくは右派のポピュリストか社会民主主義者、コミュニタリアンすなわち共同体主義者）とのあいだで、政府は行ったり来たり振り子のように揺れる。どの振り子のあいだで揺れるのかは、その国の事情によって異なる。

このような政治の揺れ動きは、いまの時代に空白期というレッテルを貼る。マルクス主義思想家のアントニオ・グラムシが「古いものが滅びつつあり、新たなものがまだ生まれえない」と評した時期だ。この空位期間には、政治の空白が、完全な権威主義、大きな戦争、破滅的なメルトダウンなど何を引き起こすのか、誰にも予測がつかない――〝ただ〟ゆっくりと明らかになっていくだけではない。いずれにしろ、資本主義システムの行き詰まりは、私たちの生活方法を徐々に蝕んでいく。それを食い止めるのは、信頼に足る対抗ヘゲモニーのブロックが構成されるときだ。それまでは、金融資本主義の断末魔の叫びと全般的な危機という、多くの「病的な兆候」のなかで生きる（そして死ぬ）ことになるのだろう。

何が起ころうと次のことだけは確かだ。つまり、このような危機はいつもやってくるわけではない。歴史的に稀であり、資本主義の歴史において転換点を表す。社会生活のかたちが大混乱に陥る決断のときだ。そのようなとき、差し迫った問いが持ち上がる。現実的な対抗ヘゲモニーを構築できるのは誰か。その基盤は何か。言い方を変えれば、社会変容のプロセスを導くのは誰であり、誰のためであり、その目的は何か。

すでに述べたように、全般的な危機が社会の再編成につながるプロセスは、近代でも何度か起きている。だがほとんどの場合、利益を得たのは資本だった。このプロセスを通して、資本主義はみずからを繰り返しつくり変えてきた。資本主義の擁護者は、収益性を回復し、反対派を飼い慣らそうとして、経済と政体との境界線を引き直し、それぞれの「領域」を再構成した。そしてまた経済と政体との関係、さらには社会的再生産、自然、人種や帝国との関係も再構成した。そうすることで彼らが再編成したのは、政治的支配の方法だけではなかった。搾取と収奪のかたちも確立し、これによって階級支配と身分ヒエラルキー、政治的服従のかたちも確立させたのだ。これらの断層線を発明し直すことで、反乱のエネルギーを、圧倒的に資本の利益になる、新たなヘゲモニーのプロジェクトへと何度もうまく転換させてきたのだ。

このプロセスは、今日も繰り返されるのだろうか。

現在の民主主義の危機を解決する闘いは、危機そのものがそうであるように、社会の一つの部門か、全般的な危機の一つの要素に限定できない。政治制度だけに関係があるどころか、その闘いは社会組織の最も根本的で一般的な問いを提起する。すなわち、経済と政体とを、社会と自然とを、生産と再生産とを分ける境界線をどこに引くのか。仕事、余暇、家庭生活、政治、市民社会のあいだで、自分の時間をどう割り当てるのか。集団的に生産した社会的余剰をどう使うのか。これらの問題の答えをいったい誰が決めるのか。利益を生み出す者は、資本主義の矛盾を、個人の富を蓄積する新たな機会にうまく転換するのだろうか。彼らは反乱の重要な要素を取り入れるとともに、社会支配を新たに再編成するのだろうか。それとも、資本に対する大衆の反乱は結局のところ、思想家のヴァルター・ベンヤミンが述べたように、「(この暴走する)列車に乗って移動する人間が緊急ブレーキを踏む行為」なのだろうか[16]。

その答えは、一つには、私たちが現在の危機をどう捉えるのかによる。もし政治学者のお馴染みの解釈に固執するのであれば、民主主義の苦難を、独立した政治問題と受け取ってしまう。礼節、超党派精神、事実を尊重する必要性を道徳的に考察するいっぽう、問題の重大な構造的原因を見過ごしてしまう。高尚な立場に立って、無知蒙昧な〝嘆かわしき者たち〟の懸念には目もくれない。新自由主義を却下し、根本的変化を求める、批判精神を持った世界中の大衆の主張には、ろくに耳を傾けず、彼らの正当な不満(どれほど間違って解釈されるか、見当違いであっても）を受け入れることもない。そうであれば、私たちは対抗ヘゲモニーを築くという現在の闘いにおいて、無用の存在になってしまうだろう。

本章で私が描いたもう一つの選択肢は、民主主義が直面する現在の苦難を、金融資本主義の制度構造に組み込まれた根強い矛盾の現れとして――現在の社会秩序で渦巻く、全般的な危機の構成要素の一つとして――捉えることだ。そのような解釈には、それ自体が持つ説得力のほかに、実践的な指針を与えるというメリットもある。進むべき正しい方向を指し示し、カーテンを剝ぎ取り、真の原因を突き止め、機能不全の反民主主義秩序、すなわち資本主義を解体せよと私たちをけしかける。

しかしながら、飽くなき食欲で喰い尽くそうとする共喰い資本主義に取って代わるべきものが何かについては、さほど明らかではない。次の章では、その可能性の高いシナリオについて考察しよう。

第6章

# 思考の糧

――二一世紀の社会主義はどんな意味を持つべきか

## †「社会主義」の復活

私は第1章の冒頭でこう宣言した。「資本主義」が帰ってきた、と。それなら、本書も終わりに近づいたいま、「社会主義」についても同じように帰ってきた、と宣言することはいかにもふさわしい。社会主義という言葉もまた、見事な復活を遂げた。その理由の一つは、資本主義に代わる選択肢として、歴史のなかで長く傑出した存在と目されてきたからだ。資本主義が人々の話題に帰ってきたことが、新自由主義の覇権にひびが入った現在の状況の表れだとしたら、社会主義の返り咲きは驚くべきことではない。

いずれにしろ「社会主義」も帰ってきた！　数十年のあいだ、この言葉はバツの悪いものとされてきた。忌むべき失敗であり、過去の遺物として。ところがいまは違う。少なくともアメリカにおいて状況は一変した。[1]今日、アメリカでは上院議員のバーニー・サンダース（無所属）や、下院議員のアレクサンドリア・オカシオ＝コルテス（民主党）が、誇らしげに社会主義者を名乗り、支持を勝ち取っている。アメリカ民主社会主義者（DSA）という政党は、新たな党員をぞろぞろ引き寄せている。ところで、「社会主義」とは具体的にどういう意味だろうか。どれほど歓迎されたとして、社会主義という言葉に対する熱狂がそのまま、その中身について真剣に考えることにつながるわけではない。いまの時代、「社会主義」は具体的にどんな意味を持つのか。あるいは持つべきなのだろうか。

その答えは、前章までの議論から読み取れるだろう。資本主義の概念を拡張したことが意味するのは、社会主義の概念もまた拡張する必要があるということだ。資本主義は経済だという考えを棄てたのだから、社会主義についても、代替となりうる経済システムだという理解はもはや成り立たない。もし資本が、商品生産の「非経済的」な条件を貪り喰うようにあらかじめ配線されているのなら、資本主義に取って代わる望ましい選択肢は、生産手段の社会的所有だけでは十分ではない。その条件を私は強く支持するが、生産手段の公有という強く望まれるその条件に加えて、社会主義は生産と、生産を成り立たせる可能性の背景条件との関係も変えなければならない。背景条件とは、資本の公的回路の外に位置するが、すぐ手の届く範囲にある社会的再生産、公的権力、自然、富のかたちを指す。詳しくは後述するとして、私たちの時代の社会主義は、資本による賃金労働の搾取だけを克服すればいいのではない。無償のケア労働、公的権力、人種差別される者や自然から収奪した富に、ただ乗りすることも克服しなければならないのだ。

この点で、まずは免責条項を伝えておこう。社会主義の考えを拡張することは、その概念の円周上に、もう一つ別の円をつけ加えることではない。つまり、世間で受け入れられている理解に、単純に新たな特徴をつけ加えることではない。社会主義という概念そのものを転換する必要があるという意味だ。それはまさしく、ここまで私が資本主義に対して行なおうとしてきたことだ――とりわけジェンダーとセクシュアリティ、人種と帝国主義、エコロジー、民主主義など、通常は二次的とみなされる問題を、資本主義にとって構造的に不可欠な項目として扱うことだ。

そしていま、私は本章において、社会主義についても同じプロセスを踏もうとする。私の狙いは、資本主義と同様に社会主義についても、制度化された社会秩序として包括的に捉え直すことだ。そうすることによって、社会主義を、資本主義の信頼に足るもう一つの選択肢として主張できる。この方法によって、社会主義者の考えの伝統的なトポス（論点や命題）にも、新たな光を投げかけたい。支配と解放に、階級と危機に、私的所有、市場、計画に、さらには必要労働、自由時間、社会的余剰にも新たな光を当てたい。社会主義についても単なる経済以上の概念として扱うならば、これらの一つ一つが新たな外観を伴って現れるはずだ。そうやって出現する姿は、ソヴィエト型の共産主義とも、社会民主主義とも大きく異なる社会主義の輪郭だ。すなわち二一世紀の社会主義である。

だが、まずはその前に、資本主義についていま一度取り上げよう。それこそが、社会主義の議論にとりかかる前に必要な出発点だからだ。何と言っても、社会主義は〝単なる義務〟や空想家の夢であってはならない。もし、ここで議論する価値があるというのなら、それはむしろ、歴史のなかに現れた現実的な可能性――資本主義が私たちの手の届くところにもたらしておきながら実現しえない、人間の自由、充足した生活、幸福の可能性――を、社会主義がカプセル化して表しているからだ。同じくらい重要なことに、社会主義は資本主義の行き詰まりや不正義に対する反応だ。資本主義システムが周期的に引き起こし、決して克服することのできない停滞に対する反応であり、資本主義システムのなかにあまりにも深く根ざしているために根絶できない支配のかたちに対する反応である。言い換えれば、社会主義は資本主義の病弊を改善すると主張する。もしそうなら、まずはそこから始めなければならない。

それでは、資本主義とは具体的に何なのか。そのどこが問題なのだろうか。

## †要約――資本主義とは何か

まず「資本主義とは具体的に何か」という最初の問いに対しては、本書で述べてきた内容をおさらいすることで、かいつまんで答えられるだろう。本書では、資本主義を制度化された社会秩序として捉え直し、資本主義経済の存立を可能にする四つの非経済的条件を明らかにした。

第一の非経済的条件は、第2章で詳述した通り、被征服民、特に人種差別される人々から収奪した莫大な富だ。とりわけ土地、自然資源、従属する人々の無償もしくは低賃金の労働を指す。盗んだに等しいこれらの富は、いまなお続く商品生産の無料ないし安価な投入物であり、この投入物に対して資本はほとんど、あるいはまったく対価を支払っていない。投入物はそれだけではない。(二重の意味で)自由な賃金労働者も含まれ、資本はその再生産費用を支払う(ことになっている)。もしそうであるなら、蓄積の真の秘密は「搾取」と「収奪」の組み合わせにある。被支配民の収奪がなければ、自由な労働者を搾取したところで、大きな利益は見込めなかっただろう。ところが、資本は収奪した富に依存していることを認めようとせず、補充費用の支払いも拒んでいる。

そして、資本主義を存立させる第二の非経済的条件とは、第3章で論じた通り、社会的再生産に費やされる無償もしくは低賃金の莫大な量の労働だ。その労働を担うのはほとんどが女性である。人間を〝形成する〟ケア労働は、資本主義システムが生産と呼ぶ、商品をつくって利益を上げるプロセスになくてはならない。すでに述べたように、再生産労働なくしては「労働者」も「労働力」もなければ、必要労働時間や剰余労働時間もなく、搾取や剰余価値も、利益や資本蓄積もない。それにもかかわらず、資本はケア労働の価値をまったくと言っていいほど認めず、補充にも無関心で、支払いを極力、回避しようとする。

続いて、資本主義経済の第三の非経済的条件は、第4章で考察したように、自然から収奪する無料ないし安価な投入物だ。資本主義の生産の土台となる不可欠な物質である。労働によって商品へと変わる原材料。機械に動力を供給するエネルギー。肉体に活力を与える食料。さらには耕作地、呼吸に適した空気、飲料水、大気の炭素収容能力といった自然の一般的な必要条件。これらの投入物と必要条件なしには、経済的生産者も社会的再生産者もない。収奪する富も搾取する自由労働もなく、資本も資本家階級もないだろう。それにもかかわらず、資本は自然を宝の山のように扱う。永遠に、好きなだけ利用でき、補充する必要も回復させる必要もない宝の山というわけだ。

最後に、資本主義を存立させる第四の非経済的条件とは、前章で論じたように、国家や公的権力が供給するさまざまな公共財を指す。これには、法的秩序、反乱を鎮圧する力、インフラ、マネーサプライ、資本主義システムの危機に対応するメカニズムが含まれる。公共財なしには、そして公共財を保障する公的権力なしには、社会秩序も信頼も、私的所有も交換もない。したがって持続的な蓄積もない。それでも、資本は公的権力を厭う傾向があり、蓄積の持続に不可欠な税金を逃れようとする。

以上四つの条件は、資本主義経済に不可欠な柱だ。どの条件もそれぞれ社会的関係や活動、富を含み、これらが一体となって蓄積の必要条件を形成する。賃金労働、生産、交換、金融という資本主義の公的制度の背後には、必要な支援や制度を成り立たせる条件がある。たとえば家族、コミュニティ、自然。領域国家、政治組織、市民社会。そして特に、莫大な量と多様なかたちの収奪された無償労働。根本的に不可欠なこれらの労働もまた、資本主義社会の本質的な要素である。

以上のような、これまで認められてこなかった背景条件を明らかにすることで、「資本主義とは何か」という最初の問いに対する非正統的な答えが浮かび上がる。すなわち、資本主義とは経済ではなく社会のタイプである――その社会のなかで、経済化された行動と関係は一つの領域に仕切られ、ほかの非経済的な領域とは区別されてその上に成り立つが、経済化された行動や関係が非経済的領域に依存しているという事実は否定される。資本主義社会は「経済」領域を含み、「政体」もしくは政治秩序とは区別される（そして、その上に成り立つ）。また「経済的生産」領域を含み、「社会的再生産」領域とは区別される（そして、その上に成り立つ）。さらに搾取関係を含み、収奪関係とは区別される（そして、その上に成り立つ）が、収奪関係は否定される。最後に、資本主義社会は人間活動の社会歴史的な領域を含み、自然の物質的な土台とは区別される（そして、その上に成り立つ）。

このような視点を採用することで、本書では一般的な資本主義の狭い概念に代えて、拡張した新たな概念を提案した。この変更は、社会主義の再構築という課題に大きな影響を与えるとともに、資本主義のどこに欠陥があり、資本主義に変化を及ぼすためには何が必要か、という私たちの意識を変える。いや、正しくは拡張する。

## †資本主義のどこが悪いのか

資本主義について狭い考え方をもとに批判する者は、資本主義に組み込まれた不正義、不合理、不自由という三つの欠点を指摘する。まずは不正義から見ていこう。彼らは資本主義システムの中心を成す不正義を、資産を持たない自由な労働者階級を資本が搾取することだ、と定義する。労働者階級は多くの時間を無給で働く。そして莫大な富を生産するが、その分け前を手にすることはない。利益は資本家階級の手に入る。彼らは、剰余労働とそれが生み出す剰余価値とを私物化し、資本主義システムの命ずるままに――剰余価値をますます蓄積するために――再投資する。さらに重大なことに、指数関数的に果てしなく成長する資本は敵対的な権力となり、資本を生み出す労働者を支配する。これが、狭い視点で捉えたときの資本主義のおもな不正義である。資本家階級が生産場面で賃金労働者を搾取する。つまり、不正義が起きる場所は資本主義経済、とりわけ経済的生産の領域というわけだ。

そして、狭い視点で捉えたとき、資本主義の第二の欠点である不合理とは、経済危機に組み込まれた傾向を意味する。剰余価値の際限なき蓄積を志向し、営利企業が剰余価値を私物化する経済システムは、本質的にみずからを不安定にしやすい。技術の進歩を介した生産性の向上によって資本を拡大する衝動は、ときに利益率の減少、商品の過剰生産、資本の過剰蓄積につながる。金融化のような解決策を試しても、最後の審判の日を先延ばしにするだけであり、その日がやってきたときには、いっそう深刻な事態に見舞われる。資本主義の発展はたいてい、経済危機によって中断する。たとえば周期的な景気変動、株式市場の暴落、金融恐慌、連鎖倒産、価値の莫大な清算、大量解雇などである。

狭い視点が第三に指摘する欠点は、資本主義に深く根づいた、本質的に非民主的な面である。資本主義がしばしば政治領域の民主主義を約束することは認めよう。とはいえ、その約束の効果は、社会的不平等や階級権力のせいで全体的に損なわれてしまう。さらに、資本主義の職場では、民主的な自己統治という体裁を繕う必要がない。なぜなら、そこでは資本が命令を下し、労働者が命令に従うからだ。

ということで、狭い視点で見ると、一般的に資本主義にはおもな欠点が三つあると言えるだろう。階級搾取の意味において不正義。経済危機の傾向があるという点で不合理。社会的不平等と階級権力が、民主主義の弱体化を招くという意味で不自由。どのケースにおいても、問題は資本主義の経済に内在する力学によって生じる。したがって、狭い視点に立ったとき、資本主義の欠点はその経済的構成に存在する。

この捉え方は誤りというより、むしろ不完全だ。資本主義システムに本来備わっている経済的病弊を正しく突き止めておきながら、同じように本質的である非経済的な不正義、不合理、不自由を見落としている。それに対して、資本主義の「共喰い」という概念、すなわち、みずからが依存する非経済的な要素を貪り喰うという概念を採用するとき、資本主義の非経済的な欠点が新たに、はっきりと視野に入ってくる。

まず、資本主義を共喰いの視点で観察すると、不正義のカタログが拡張される。不正義は、資本主義システムの経済にのみ存在するのではない。それは、資本主義経済と、その経済を成り立たせる非経済的な条件との関係に基づく。その好例が、経済的生産と社会的再生産との分離だろう。経済的生産の場合、必要労働時間は給与のかたちで報われる。社会的再生産の場合、その労働は無償ないし低賃金だ。当然のこととされるか感傷的な言葉で語られ、一部は愛情によって報われる。歴史的にどちらか一方のジェンダーと結びつけて、つまり経済的生産は男性の労働、社会的再生産は女性の労働として扱われる。この割り当ては、資本主義社会の中心において支配の主流のかたちを、女性の従属、性別二元主義、異性愛規範などに固定してしまう。

同様に、資本主義社会は（二重の意味で）自由な労働者と、従属する「他者」とを構造的に分離する。自由な労働者は労働力と引き換えに、再生産の費用を受け取る。「他者」は肉体、土地、労働をただ強引に奪われる。この違いは、グローバルなカラーラインと合致する。〝単に〟搾取可能な者とあからさまに収奪可能な者とを切り離し、収奪可能な集団を人種差別の対象とし、生まれながらに侵害可能な者として扱う。こうして、さまざまな構造的不正義が固定される。そのなかには、人種的抑圧、（新旧の）帝国主義、先住民の土地や財産の剝奪、集団虐殺も含まれる。

最後に、資本主義社会は人間と自然とのあいだに明確な境界を設ける。そのため、人間と自然はもはや同じ存在論的宇宙には属さない。自然は、生産のための投入物をインプットする蛇口であり、廃棄物をアウトプットするシンクであり、容赦ない採取主義にさらされ、道具として扱われる。たとえこれが「自然」（あるいは人間を除く動物）に対する不正義でないとしても、少なくとも人間の今日世代と将来世代に対する不正義には違いない。彼らは、ますます生活に適さない地球を押しつけられてしまうのだ。

一般的に言って、資本主義社会をこのように拡張した視点で見ると、構造的不正義を拡張したカタログが明確になる。その拡張版には、階級搾取にとどまらない、はるかに多くの要素が並ぶ。社会主義社会が資本主義社会に代わる選択肢となるためには、それらの不正義も改善しなければならない。経済的生産の構造を〝単に〟変化させるだけでは駄目なのだ。経済的生産と社会的再生産との関係も、そしてそれに伴い、ジェンダー秩序と性的秩序も変えなければならない。同じように、資本主義による自然のただ乗りや被征服民の富の収奪も、そしてそれに伴い、人種的・帝国主義的抑圧も終わらせる必要がある。

要するに、もし社会主義が資本主義の不正義を改善するのであれば、資本主義経済〝だけ〟を変えるのでなく、制度化された秩序全体を、資本主義社会を変えなければならないのだ。

**†危機を生み出す傾向**

だが、それですべてではない。拡張した概念はまた、資本主義の危機と見なすものに対する考えも拡張する。私たちはいま、資本主義経済に内在する傾向だけでなく、みずからを不安定にするという、資本主義にあらかじめ組み込まれた傾向にも気づくはずだ。まずは、社会的再生産を共喰いする資本主義システムの傾向だ。この傾向によってケアの危機が生じる。みずからが依存するケア労働の報酬を資本が支払わない限り、資本はケア労働のおもな供給者である家庭、コミュニティ、とりわけ女性に対して周期的に多大な負担を強いる。今日、金融資本主義社会はそのような危機を引き起こし、公的支援の削減とともに、女性を含めた一世帯あたりの賃金労働時間の増加を要求する。

そしてまた、視点を拡張することで、資本主義に本来備わった生態学的な危機を引き起こす傾向も浮かび上がる。自然から奪い取った投入物を補充するために必要となる、真の費用に近い額を支払わないため、資本は土壌の疲弊を招き、海を汚し、カーボンシンク（炭素吸収源）を満杯にし、炭素収容能力を圧倒する。自然の富をやりたい放題に奪っておきながら、補充費用や回復費用を支払おうとしない。そのため、資本は人間と自然の構成要素との物質代謝の相互作用を周期的に不安定にする。今日の私たちはその影響に直面している。地球を灰化させかねない根源は、結局のところ、「人間」ではなく資本主義なのだ。

資本主義は、生態学的危機と社会的再生産の危機を引き起こす。この傾向は、人種差別される人々から富を収奪するという構造的な必要性と、切っても切れない関係にある。資本主義は盗んだ土地、強制労働、略奪した鉱物の上に成り立つ。資本主義は、人種差別される人々が住む土地を有毒廃棄物の棄て場所として利用するとともに、彼らを低賃金のケア労働の供給者として扱う。こうして、ケア労働のグローバル規模の連鎖が進む。その結果、経済的、生態学的、社会的な危機と、帝国主義や人種的・民族的敵意が複雑に絡み合う。新自由主義はこの点においても、状況を悪化させてしまった。

最後に、資本主義を拡張した視点で見ることで、政治的危機を引き起こす構造的傾向が明らかになる。このときにも資本は二兎を追い、費用を支払わず、公共財を巧みに利用しようとする。税金を逃れ、国家の規制の弱体化を図ることで、みずからが依存する公的権力を骨抜きにする傾向がある。現在の金融資本主義はこのゲームを、まったく新しいレベルに引き上げる。巨大企業は地元の公的権力をものともせず、グローバル金融は国家に規律を教え、資本主義に敵対的な選挙を嘲笑い、反資本主義政府が国民の要求に応えることを阻止する。その結果、大きな統治の危機にヘゲモニーの危機が加わり、世界中の人々が伝統的な政党にそっぽを向き、新自由主義の常識を捨ててしまう。

このように一般的に言って、資本主義の概念を拡張すると、資本主義が経済危機にとどまらず、多様な危機を生み出す傾向が見えてくる。前章で紹介したように、私はその傾向をカール・ポランニー（と政治経済学者のジェイムズ・オコナー）にならって、「領域間」の矛盾として理解する。領域間の矛盾が存在する接合点では、資本主義経済とそれを成り立たせる可能性の非経済的な背景条件とを、切り離すとともに結びつける。このとき、必然的に四つのD——依存（Dependence）、分離（Division）、否認（Disavowal）、不安定化（Destabilization）——が生じる。資本はみずからの前提条件を蝕むか破壊するか消耗させる——いずれにしろ不安定にする——傾向を組み込んでいる。まさに己の尻尾に喰いつくウロボロスだ。己の身を貪り喰おうとする特徴もまた、資本主義社会の欠陥の一つであり、社会主義が克服すべき点に違いない。

最後に、資本主義には民主主義の欠陥も組み込まれている。資本主義を社会システムという拡張した視点で見ると、この三番目の欠点はより大きく浮かび上がる。問題は、工場で命令する上司だけではない。そしてまた、民主的な声を上げる平等な政治領域という見せかけを嘲笑う、経済的不平等と階級権力だけでもない。それ以上とは言わないまでも同じくらい重要なのは、政治領域が最初から容赦なく切り捨てられてきたことだ。

実際、経済と政体との分離は、民主的な意思決定の範囲をあらかじめ大きく削り取る。第4章で論じたように、生産の権限を企業に委譲したいま、私たちと自然との関係を決定し、地球の運命を握るのは、私たちではなく資本家階級である。同じように、労働と労働以外の生活のかたちを決め、私たちの活力と時間をどう配分し、私たちのニーズをどう捉えて満たすのかを決めるのは、私たちではなく資本家階級である。最後に、企業に対して社会的余剰の私物化を認めることで、資本主義システムの経済と政治との関係は、社会発展の方向性を決める権限を資本家に与え、それゆえ私たちの将来を決める権限を与えてしまう。資本主義社会において、これらすべては、すでに政治的議題から削除されている。最大の蓄積を狙う投資家は、私たちの見えないところでそれらの問題を決定する。

そういうわけで、資本主義は己の身だけでなく、私たちのことも貪り喰う。どう生きるのかをみなで決定する私たちの集団的な自由を、がつがつと貪り喰うのだ。この共喰いのかたちを克服するために、社会主義は現在の惨めな制約から大きく踏み出して、民主的政治の自治の範囲を拡張しなければならない。

## †社会主義とは何か

もし社会主義が、資本主義のあらゆる欠陥を改善しようとするなら、待ち受けるのはとてつもなく大変な仕事だ。新たな社会秩序をつくり出して、階級支配だけでなく、ジェンダーと生物学的性の非対称性、人種的、民族的、帝国主義的な抑圧、政治的支配を全面的に克服しなければならない。同じように、さまざまな危機が生じる傾向も改める必要がある。そのなかには、経済と金融の危機だけではなく、生態学的危機、社会的再生産の危機、政治的危機も含まれる。最後に、二一世紀の社会主義は、民主主義の範囲を大きく拡張する必要がある——すでに定義された「政治」の範囲内で、意思決定を民主化すればいい〝だけ〟ではない。もっと根本的に、その定義と範囲の設定を、つまり「政治的なもの」を構成する枠組みを民主化しなければならないのだ。

このように定義したとき、二一世紀の社会主義について改めて検討することは、きわめて大がかりな仕事だ。もしこの仕事に成功するとすれば（まず、ありえない話だが）、活動家や理論家を含めたおびただしい人たちの協力を通してだろう。そしてまた、計画的思考や政治組織との相乗効果のある社会闘争を通して、深い洞察を得るときだろう。そのプロセスに貢献できることを願って、私は次の三つを簡潔に提案したい。社会主義者の正統派の論点や命題に、これまでの議論がどのように新しい光を投げかけるかを示すためである。

その第一は、制度的な境界についてだ。先に論じたように、境界は資本主義がさまざまな制度を分離したことで生じる。資本主義は生産を再生産から、搾取を収奪から、経済を政治から、人間社会を自然から切り離した。すでに述べたように、資本主義社会ではこれらが切り離された場所で危機が生じ、闘争が起きる。したがって、社会領域は互いに境界を定めると同時に結びつくのか、もしそうであれば、それはどのようにして起きるのかという問いは、社会主義者にとって、社会領域は内部的にどのように構成されるのかという問いと、少なくとも同じくらい重要だ。社会主義者にとって考える必要があるのは、経済の（それを言うなら自然、家庭、国家の）境界内の構成だけに焦点を合わせることではない。経済考えるべきは、経済とそれを成り立たせる可能性の背景条件との関係であり、経済と社会的再生産、自然、資本化されていない富のかたち、公的権力との関係である。

もし社会主義が、制度化されたあらゆるかたちの資本主義の不正義、不合理、不自由を克服するのならば、生産と再生産、社会と自然、経済的なものと政治的なものとの関係も再構築しなければならない。

重要なのは、社会主義者がこれらの区分を一気に解体させようとすべきではないことだ。それどころか、「経済的なもの」と「政治的なもの」との区分を廃止しようとした旧ソ連の破滅的な取り組みは、総じて解体に警鐘を鳴らすだろう。だが、私たちは資本主義社会から受け継ぐ制度の境界を新たに思い描くことができ、また思い描くべきである。最低でも、境界を引き直すべきだ。そうすれば、資本主義が経済的なものとして追いやった差し迫った問題は、政治的ないし社会的な問題になる。境界線の性質を変えることも考え、より柔軟で透過性の高い境界とすべきだ。境界が区分するさまざまな領域が両立し反応し合い、互いに対立したり敵対したりしない方法についても、もちろん見つけ出さなければならない。自然、公的権力、社会的再生産が生産のために差し出すものを奪い取る、資本主義のゼロサムゲームの傾向を、社会主義社会が克服すべきであることは間違いない。

第二の提案として、さらに重要なのは、これらの領域で現在の優先順位を入れ替えなければならないことだ。資本主義社会が優先するのは、蓄積を目的とする商品生産の至上命令であって、社会的、政治的、生態学的再生産の至上命令ではない。社会主義者はその優先順位を正しく並べ替える必要がある。人々の養育、自然の保護、民主的な自治を、社会の最優先事項と位置づけ、効率や成長よりも重視する。実際、資本が否認し、背景に退けたこれらの問題を、社会主義は迷わず前景に据えなければならない。

そして、私からの最後の提案として、二一世紀の社会主義は制度設計のプロセスを民主化しなければならない。それはつまり、社会領域の設計と範囲を政治的問題にするという意味だ。要約すると、資本主義がこれまで私たちのために、私たちの背後で決めてきたことを、今後は集団的な民主的意思決定を介して、私たち自身が決めるべきだということになる。したがって、法理論家が「ドメイン変更」と呼ぶ作業に、私たち自身が携わるべきである。社会活動領域を定める境界線を引き直し、そのなかに何を含めるかを決定するのだ。[2]このプロセスは「メタ政治的」と捉えることもできるだろう――すなわち、ドメイン変更の（二次的）政治プロセスを作動させて、（一次的）政治空間を民主的に構成する。[3]実際、どの問題を政治的に扱い、どの政治活動領域で検討するのかを、私たち自身が政治的に決めるのだ。

だが、純粋に民主的であるためには、社会主義者のドメイン変更は公正でなければならない。それが意味するものの一部は、すでに明らかだろう。一つ目の考えとして、意思決定は適正な意味で包括的でなければならない。その決定に従わざるを得ないか、影響を受ける者は全員、検討中の問題に参加する権利を与えられるべきだ。[4]さらに、平等な条件で参加できなければならない。民主主義は平等な参加を要求する政治システムであり、構造的な支配とは相容れない。

　だが、あまり馴染みがないものの、制度設計のプロセスを導くべき考えはほかにもある。使ったらその分を必ず支払う「都度払い方式」だ。あらゆるかたちのただ乗りと、いわゆる原始的蓄積を回避するために、二一世紀の社会主義は、資本主義がこれまで頓着なく湯水のように使ってきたすべての生産条件を、確実に持続可能なものとしなければならない。言い換えれば、資本主義が生産と再生産において使い尽くしたあらゆる富を、社会主義社会は補充し、回復させ、埋め合わせる必要がある。まずは、商品を生産する仕事だけでなく、使用価値を生み出す仕事（人々を支えるケア労働を含む）で使い果たした分を補充する。次に、「外部」から――周辺の住民や社会はもちろん自然から――盗み取った富を埋め合わせる。最後に、資本主義が別のニーズを満たすために政治能力と公共財を利用するときには、その二つについても補充する。

　言い換えれば、資本主義にただ乗りの動機を与えてはならず、その存在を否認させてもならない。この但し書きは、資本主義社会に特有の世代間の不正義を克服するためには必須の条件だ。この条件を守ることでしか、二一世紀の社会主義は、資本主義がはらむ多様な危機の傾向と不合理を取り除くことはできない。

## †余剰をめぐる決定

これによって、二つ目の考えが、すなわち余剰にまつわる社会主義者の古典的な問いが思い浮かぶ。余剰とは、現在のレベルとかたちにおいて、みずからを再生産するために必要な分を超過して、社会が集団的に生み出す富のことだ。すでに指摘したように、資本主義社会では、余剰は資本家階級の私有財産として扱われ、所有者が好きなように処分する。より多くの余剰を生産しようとして、資本主義システムは所有者に再投資を強制する。このサイクルは延々と果てしなく繰り返される。先に述べたように、これは不公正であり、みずからを不安定にしてしまう。

社会主義社会は、社会的余剰をめぐる決定を民主化しなければならない。既存の超過分と資源を具体的にどうするのかについて、集団的な方法で決定して、余剰を民主的に配分しなければならない。そしてまた、将来的にどのくらい過剰に生産したいのか、そして実際、地球温暖化の問題に直面しているというのに、本当に余剰を生産したいのかどうかについても、民主的な方法で決定しなければならない。

そういうわけで、資本主義社会に組み込まれた成長という至上命令を、社会主義は非制度化する必要がある。だからといって、一部のエコロジストが主張するように、あらかじめ組み込まれた〝対抗至上命令〟として脱成長を制度化すべきだ、という意味ではない。むしろ、成長という問題（成長戦略をとるとして、どのくらいの、どの種類の成長か。どのように、どこで成長させるのか）を、政治的問題にすべきだという意味である。気候科学に基づく多元的な考えを通して、答えを見つけ出すためである。実際、二一世紀の社会主義はこのような問題をすべて、民主的解決を図る政治的問題として扱わなければならない。

余剰は時間と捉えることもできる。ニーズを満たし、消耗したエネルギーを補充するという、必要な仕事のあとに残った時間のことだ。だから、自由時間と言えるかもしれない。マルクスの説明をはじめ、社会主義者が自由について論じた古典的な説明はどれも、中心軸の一つに自由時間の考察を置いてきた。とはいえ、社会主義の初期の段階で、自由時間が重大な問題として大きな位置を占めるとは考えにくい。なぜなら社会主義社会は、資本主義社会から莫大な額の請求書を受け継ぐだろうからだ。資本主義は生産性の高さを誇り、マルクス自身、余剰を生み出す真の原動力は生産性だと捉えていたが、この点について私は懐疑的だ。問題はもっぱら、賃金労働者が生活費を賄うのに十分な価値を生産したあとに、資本が彼らから奪い取る不払い労働時間のみを、マルクスが余剰と捉えていた点にある。

そのいっぽう、マルクスは、資本が収奪して私物化するさまざまな無料の贈り物や安価なものには、ほとんど注目していない。賃金労働者の再生産費用を十分に補償していないことについては、それ以上に注目していない。それらの費用を、私たちの計算に加えたらどうだろうか。資本が、無償の再生産労働に支払わなければならなかったとしたらどうだろう。さらに生態学的な補充や回復に対して、人種差別される人々から収奪した富に対して、そして公共財に対して資本が支払わなければならなかったとしたら？　はたしてどれほどの余剰が実際、生産されていただろうか。もちろん、これは修辞的疑問だ。この問いについて、どのくらい正確な答えを見つけ出そうとするのかは明らかではない。だが、明らかなことはある。それは、何世紀にもわたる巨額の請求書を、社会主義社会が資本主義社会から受け継ぐことだ。

　社会主義社会はまた、世界中の人々の満たされない莫大なニーズについても、高額の請求書を受け継ぐことになるだろう。住居、医療、栄養たっぷりの（しかも美味しい）食べ物、教育、交通など。これらについても、余剰投資の問題ではなく、絶対的な必需品の問題とみなされるべきだ。同じことは、世界経済の脱炭素化という桁外れに大きな緊急課題にも当てはまる。この課題にはもはや選択の余地はない。一般的に言って、何が必須で何が余剰かという問題は、資本主義と社会主義の拡張した概念に照らせば、まったく異なる答えが浮かび上がる。

## †社会主義社会における市場

同じことは、社会理論化の三つ目の論点にも、すなわち社会主義社会の市場の役割についても当てはまる。この問題について、共喰い資本主義という概念が暗示することは、次のような単純な公式に要約できるだろう。「最上位の市場はなく、最下位の市場もない。だが、一部の市場はそのあいだに存在するかもしれない」。詳しく説明しよう。

ここでいう「最上位」は、社会的余剰の配分を指す。配分すべき余剰があると仮定して、社会の集団的な富を全体的なものと捉えなければならない。個人も企業も国家も集団的な富を所有できず、一方的に処理する権利もない。真の集団的財産である余剰は、意思決定と計画の集団的なプロセスを経て配分されなければならない。計画は民主的に立てることができ、またそうであるべきだ。最上位のレベルで、市場メカニズムは何の役割も果たすべきではない。ここでのルールは、最上位の市場でもなければ私的所有でもないのだ。

同じことは「最下位」についても言える。ここでいう「最下位」は、基本的ニーズ(必需品)を指す。雨露をしのぐ家、衣服、食料、教育、医療、交通、通信、エネルギー、余暇、清潔な飲み水、汚染されていない大気。もちろん、何をもって基本的ニーズとみなすのか、ニーズを満たすためには具体的に何が必要なのかを、一度に特定することはできない。それもまた、民主的な議論、論争、意思決定の対象である。だが、どんな結論に達しようとも、支払い能力に基づいてではなく、権利の問題として供給されなければならない。つまり、これらのニーズを満たすために生み出す使用価値は、商品であってはならないという意味だ。商品ではなく公共財であるべきだ。ついでながら、この点が指摘するのは、ユニバーサル(あるいは無条件の)ベーシックインカム(UBI)の提案に伴う大きな欠点である。UBIにおいては、支給された現金を使って、人々は基本的ニーズを満たすためのモノを買う。そのため、基本的ニーズの満足を商品とみなすことになる。むしろ、社会主義社会では基本的ニーズを公共財とみなすべきだ。最下位の市場があってはならない。

となると、最上位の市場も最下位の市場もない。だが、中間の市場はどうだろうか。社会主義者は中間の市場を、さまざまな可能性を持つ実験場所として思い描くべきだ。そこは市場が成立しうる場所であり、協同組合を、コモンズを、自己組織化したアソシエーションを、自己管理できるプロジェクトを見つけ出せる場所だ。社会主義者が市場に対して伝統的に唱えてきた異議の多くは、本章で描いた文脈のなかで解消されるか減少するだろう。市場を運営しても、資本蓄積と社会的余剰の私物化という力学を生むこともなければ、その力学によって歪められることもない。最上位と最下位の市場が社会化されて脱商品化されれば、中間の市場の機能と役割は変化する。どのように変化するのか、たとえいまの時点では具体的に特定できなくても、これは十分明確な提案に思える。

## †二一世紀の社会主義

いまだ不確かな多くのことは、二一世紀の社会主義の拡張した概念を生み出そうとする者によって、ぜひとも考察され、明確にされなければならない。私が描いたのは、明らかに不完全で準備段階の考えにすぎない。いまの時代に重要で最も差し迫った問題の一部に限られ、しかもまったく探索的な方法にとどまっている。それでも私は、社会主義が今日どのような意味を持つべきかという問いに、このような方法でアプローチする価値を示せたのではないかと思う。その長所の一つは、社会主義とは経済だという、世間で広く受け入れられた概念を克服できそうなことだ。二つ目の長所は、伝統的な労働運動を中心とした問題のほかにも、社会主義が現在のさまざまな問題と深い関係にあることを示せるのではないか、という可能性だ。たとえば社会的再生産、構造的人種差別、帝国主義、脱民主化、地球温暖化などがこれに当たる。そして三つ目の長所は、制度の境界、社会的余剰、市場の役割など、社会主義思想の伝統的な論点に、新たな光を投げかけられることだ。

さらには、よりシンプルだが、もっと重要な点も示せたのではないかと思う。それは、社会主義のプロジェクトが二一世紀に追求すべき価値を持つことや、「社会主義」が単なるバズワードや歴史の遺物で終わるのではなく、資本主義システムの純粋な代替システムにならなければならないということだ。近年、地球を破壊し、私たちが自由に、民主的に、豊かに暮らす可能性を阻んでいる資本主義システムに代わる選択肢として。

終章

# マクロファージ

——共喰い資本主義の乱痴気騒ぎ

マクロファージ（名詞）：大食細胞、貪食細胞など。現代ではおもに免疫学で使われる言葉。ギリシャ語の「μακρός（makros＝大きい）」と「φαγεῖν（phagein＝食べる）」を語源とし、文字通り「大食漢」を意味する。

## †新型コロナウイルス感染症

本書の大部分を書き上げたのは、新型コロナウイルス感染症が世界的に大流行する前だった。パンデミックが始まる前の数年間、私は資本主義を拡張した概念について考え、公的経済の資本蓄積を可能とする、さまざまな「秘められた場所」を詳細に記すことに全力を注いでいた。こうして生まれたのが本書である。第2章から第5章までは、必要条件であるにもかかわらず認められてこなかった、資本主義の前提条件について一つずつ取り上げた。人種的な収奪（第2章）、社会的再生産（第3章）、地球のエコロジー（第4章）、政治権力（第5章）である。

どの章においても、みずからの存在基盤を構造的に共喰いしようとする社会秩序と、矛盾に満ち、危機を引き起こしやすい特徴について明らかにしようとした。その社会秩序は、人種差別される人々の富を喰い尽くそうとし、ケア労働を呑み込み、自然をがつがつと平らげ、公的権力を骨抜きにしようとする。どのケースにおいても、貪り喰う現象がほかの現象から切り離されて、単独で進展するものなど何一つない。それどころか、すべてが密接に撚り合わさり、何もかもを消耗し尽くす危機のなかで、今日の私たちは暮らしている。

新型コロナウイルス感染症の大流行は、そのような混乱のお手本のような例だった。終章を執筆している二〇二二年四月の時点で、パンデミックには、共喰い資本主義のあらゆる矛盾が凝縮していた。自然とケア労働を、政治能力と周辺の住民を貪り喰う現象は収斂し、致死性の狂宴となった。新型コロナウイルス感染症は、資本主義の機能不全が引き起こした正真正銘の乱痴気騒ぎであり、資本主義という社会システムをきれいさっぱり廃止する必要性を、疑問の余地なくあぶり出した。

その理由について知りたければ、自然について考えてみればいい。私たちを新型コロナウイルスの脅威にさらしたのは、資本主義がみずから（と私たち人間！）を支える基盤を、資本が貪り喰ったからにほかならない。人里離れた洞窟に棲むコウモリが長く保有してきたコロナウイルスが、二〇一九年にコウモリから別の動物、おそらくはセンザンコウを介してヒトに感染した。だが、コウモリがなぜその媒介動物と接触し、さらになぜヒトと接触したのかはすでに明らかだ。つまり、地球温暖化であり、熱帯雨林の伐採であり、この二つが組み合わさった結果である。

そしてまた明らかなことに、この二つのプロセスは、利潤を追求する、飽くなき欲望に突き動かされた資本が生み出した結果でもある。地球温暖化と熱帯雨林伐採の二つが、おびただしい数の種の生息地を破壊し、大量移動を引き起こし、かつて遠かった人間と生物との距離を縮めた。それが生物にストレスを与え、新たに病原体を伝播しやすい状況をつくり出した。このメカニズムが感染症の流行を引き起こしたのは、今回が初めてではない。たとえば次のようなウイルスが、「増幅宿主」を介してコウモリからヒトの体内へと侵入した。ＨＩＶ（ヒト免疫不全ウイルス）の場合にはチンパンジーを介して、ニパウイルス感染症は豚を、ＳＡＲＳはジャコウネコを、ＭＥＲＳはラクダを、そして新型コロナウイルス感染症の場合には、おそらくセンザンコウを媒介してヒトに感染した。これで終わりのはずがない。

このような感染症は、自然を資本に委ねてしまった社会秩序の必然的な副産物である。生物物理学的な富をできるだけ速く、少しでも安く私物化しようという動機に駆り立てられるいっぽう、補充や回復の責任は負わず、利益を積み上げることしか頭にない者は、熱帯雨林を破壊し、温室効果ガスを吐き出し続ける。取り憑かれたように蓄積に励む者は、いつの時代にもいた。だが、新自由主義によって強大な権限を掌中に収めた彼らは、頻発するとともに、エスカレートする致死性の疫病を野放しにしてきたのだ。

## †公的システムの崩壊

新型コロナウイルス感染症は、どんな条件下にあっても恐ろしい影響を及ぼしたに違いない。ところが、今回の影響が計り知れないほど悪化した理由は、資本主義社会の別の構造的矛盾に根ざした別の要因にある。それはまた、新自由主義の時代に最悪のレベルに達していた。つまるところ、この時代に資本が共喰いしたのは自然〝だけ〟ではなかった。公的権力も貪り喰っていたのだ。公的権力もまた、資本主義が常食とする不可欠な成分である。資本主義システムはどの発展段階においても公的権力を貪ってきたが、この四〇年というもの、恐ろしいほどの凶暴性で呑み込んできた。そしてそこに、皮肉が待ち受けていた。金融資本が政治能力を呑み込んでいなければ、その政治能力をパンデミック対策に駆使できたはずだった。

ところが、そううまくはいかなかった。今回のパンデミックが発生するずっと前に、ほとんどの国は「市場」の要求に屈して、社会支出を削減していたのだ。公衆衛生のインフラと基礎研究も、そのなかに含まれていた。キューバのような例外の国もあったにせよ、たいていの国では、救命用の備品（個人用防護具、人工呼吸器、洗浄器、医薬品、検査キット）の備蓄を削減し、診断能力（検査、追跡、数理モデル、遺伝子情報の解読）を形骸化し、調整・治療施設（公立病院、ＩＣＵ、ワクチン生産設備、保管設備、配布システム）の規模を縮小していた。公共インフラを弱体化させただけではない。国家の統治者は、重要な医療機能を、利潤を追求する供給業者や保険会社、製薬会社や製造業者に委譲してしまったのだ。

これらの企業はもともと、公共の利益に縛られることもなければ関心もない。そしていま、個人的にも集団的にも私たちの運命を決する、世界中の医療関連の労働力と原材料、機械類と生産施設、サプライチェーンと知的財産、研究機関と人材のほとんどを、そのような企業が牛耳っている。さらに、利益の流れを何が何でも死守しようとして強圧的な力を形成し、人類の利益のために働く公的な協調行動を妨害している。その結果が悲劇的だとはいえ、特に驚くことでもない。人間の生死の問題より「価値の法則」を重視する社会システムは、新型コロナウイルス感染症に際して、最初から膨大な数の人間を見捨てる構造だったのだ。

だが、事はそれだけではない。すでに脆弱だった公的システムの崩壊は、社会的再生産を中心とする別の構造的矛盾と合流した。近年、資本主義は、資本の主食であるケア労働を喰い尽くしてきた。公的ケアのインフラを維持する責任を逃れた金融資本主義体制はまた、組合を破壊し、賃金を押し下げた。そのため、世帯は賃金労働時間を長くとらざるを得なくなった。これには、家庭内の無償のケア労働の担い手が、新たに賃金労働で働くケースも含まれる。そして、新自由主義はケア労働を家庭やコミュニティに押しつけるとともに、その労働を行なうために必要なエネルギーを吸い上げることで、社会的再生産を不安定にするという資本主義に本来備わった傾向を、深刻なケア不足に変えてしまった。

パンデミックの発生は、ケアの危機も激化させた。ケア労働の新たな仕事を家庭やコミュニティに、それも特に女性に――それでなくとも無償のケア労働を不当に押しつけられる女性に――強いたのだ。

ロックダウンの下、子どもの世話と学校教育が家庭に入り込んできて、その負担を保護者が負うことになった。しかも、外出を制限された家庭はそのような目的には適していない。外で働いていた多くの女性は、次の四つのグループに分かれた。最初のグループは、子どもや家族の面倒を見るために仕事を辞めざるを得なかった。次のグループは、レイオフの憂き目に遭った。どちらのグループも、たとえ仕事に復帰できたとしても、もとの地位を失い、収入は回復しなかった。三番目のグループは、幸運にも仕事を維持でき、家庭でリモートワークをこなしたが、それでも登校できない子どもの世話などのケア労働が重くのしかかり、複数の仕事を前に目がまわる忙しさだった。そして四番目のグループは、性別にほとんど関係なく敬意をこめて「エッセンシャル・ワーカー」（日常生活を維持するために不可欠な仕事に従事する労働者）と呼ばれたが、わずかな手当で使い捨てのように扱われた。ほかの人が家庭にこもるための必需品を生産し、配達するために、毎日、感染の脅威に立ち向かい、ウイルスを自宅に持ち帰る恐怖と闘った。

いずれの場合も、パンデミックで膨れ上がった社会的再生産労働は、ほとんど女性に押しつけられた。この点は、資本主義の歴史のどの段階でも変わらない。だが、女性がその四つのどのカテゴリーに属するのかを決めるのは、階級と肌の色だった。

## †露呈した構造的人種差別

結局、構造的な人種差別は、現在の金融資本主義体制はもちろん、資本主義のどの発展段階においても中心的な役割を担った。左派の正統派の考えとは違って、資本蓄積は（二重の意味で）自由な賃金労働者の搾取によってのみ維持されるわけではない。政治的な力も訴訟の権利も奪われた、従属する人たちの収奪がなければならない。

搾取と収奪の境界線は、グローバルなカラーラインと合致する。資本主義社会に組み込まれた特徴である人種的・帝国主義的略奪は、現在の危機のあらゆる面に及ぶ。グローバルなレベルで言えば、資本は生態学的な破壊の地理を色分けし、おもに人種差別される人々から土地やエネルギー、鉱物資源を剝奪することで「安価な自然」に対する渇きを癒す。身を守るすべを奪われたうえに征服され、奴隷となり、集団虐殺の対象にされたり土地や財産を剝奪されたりする者は、グローバルな環境負荷を集中的に押しつけられる。有害廃棄物、〝自然〟災害、さらには地球温暖化の致死的な影響を圧倒的に受けやすく、パンデミックの際にはワクチンも治療も後まわしにされ、列の最後尾に並ばざるを得ない。

国家的なレベルで言えば、肌の色は危機の政治的および社会的再生産の要素に影響を与える。多くの国において、人種差別される人々は手頃で質の高い医療、清潔な飲み水、栄養価の高い食事、安全な労働条件や生活条件といった、健康増進のための条件を認められてこなかった。そうであれば、彼らのなかで新型コロナウイルス感染症にかかり、命を落とす者の割合が圧倒的に高かったとしても無理はない。その理由が、貧困と粗末な医療だったとしても不思議ではない。ストレスや栄養不足、有害物質への暴露が原因の健康状態、在宅勤務が不可能な最前線の仕事、貧困のために引き受けざるを得ない危険な仕事、ソーシャルディスタンスが保てず、感染が簡単に広がってしまう劣悪な生活環境、治療やワクチン注射を受ける機会が限られてしまったことも、彼らの犠牲者の数を増やしてしまった。

これらが重なり、もとはアフリカ系アメリカ人の死に抗議するスローガンだった「ブラック・ライブズ・マター」の意味が拡大した。ミネアポリス警察の警官の暴行によってジョージ・フロイドが死亡した事件と、彼らがすでに置かれていた状況とが相乗効果を起こし、二〇二〇年五月から六月にかけ、あちこちで激しい抗議行動が巻き起こったのだ。

## †資本主義の不正義と不合理

さらに言えば、全体的な資本主義社会システムにおいて、それもとりわけパンデミックの時期において、肌の色は階級と深く結びついていた。実際、肌の色と階級とは切っても切れない関係にある。「エッセンシャル・ワーカー」を見れば明らかだろう。医師や看護師といった専門的な医療従事者を除けば、農場の季節労働者、食肉処理場や加工工場で働く移民労働者、アマゾンの倉庫労働者、UPS（貨物運送）ドライバー、介護施設の補助、病院清掃員、スーパーマーケットの在庫担当やレジ係、あるいはギグワークで働く食料品や料理の配達員など。パンデミックの最も危険な時期には、これらの仕事はたいてい低賃金で組合もなく、不安定なまま、給付金や労働保護もなかった。煩わしい監督や管理下にあり、個人の自主性を発揮して働く機会もなければ、昇進したり新たなスキルを獲得したりできる見込みもない。しかも、圧倒的に有色人種の女性が多い。全体的に見て、これらの仕事と労働者は金融資本主義の労働者階級の象徴だ。この階級の代表はもはや炭鉱作業員や工場の熟練工、建設作業員として働く白人男性ではない。むしろ、典型はケア労働者、ギグワーカー、低賃金のサービス業労働者なのだ。

彼らは（たとえ支払われたときでも）再生産費用を下まわる額しか支払われず、搾取されるとともに収奪される。新型コロナウイルス感染症は、そのような不名誉な秘密までも暴露してしまった。労働者階級の労働は〝エッセンシャル〟な特徴を持つ。だが、資本はその労働を十把一絡げに過小評価する。今回のパンデミックは、エッセンシャルと過小評価という二つを並置することで、資本主義社会のもう一つ別の大きな欠陥を証明した。つまり、労働の真の価値は労働力市場には正確に評価できない。

このように一般的に言って、新型コロナウイルス感染症は資本主義の不正義と不合理が爆発的に噴き出した、まぎれもない乱痴気騒ぎだ。資本主義システムに本来備わった欠陥を最大限にまで悪化させることで、今回の感染症は、私たちの社会のあらゆる秘められた場所に、突き刺すような鋭い光を当てる。パンデミックは、その秘められた場所を暗がりから明るみに出し、資本主義の構造的矛盾をすべての人の前にさらけ出す。資本に内在する衝動は、地球が熱球と化す寸前まで自然を貪り喰おうとする。その衝動はまた、社会的再生産という真にエッセンシャル（不可欠）な仕事に必要な能力を、私たちから奪い取る。公的権力を骨抜きにし、資本主義システムが生み出す問題を、もはや解決不可能にしてしまう。人種差別される人々の富をとことん喰い尽くし、その健康を喰い荒らす。労働階級を搾取するだけでは飽き足らず、収奪しようとする。

社会理論の教訓として、これ以上の例は望めないだろう。だが、本当に重要なのはこれからだ。その教訓を、社会の慣行や行動のなかでうまく活かせるか。資本主義という野獣を、どうやって飢えさせるのか。共喰い資本主義を、どうやってきっぱり葬るのか。その方法を考え出す時期に来ている。

# 謝辞

世間では、著書を書き手個人の努力の成果とみなす。だが、その考えは完全な間違いだ。ほとんどすべての書き手が、さまざまな背景条件に支えられている。たとえば資金援助、図書館へのアクセス、編集者の助言、調査助手、仲間の意見や刺激、友人の励まし、親友や家族の温かい言葉や心遣い。これらが書き手の「秘められた場所」を構成し、フレーズを呼び出し、連続するページにおいて重要な役割を果たす。表舞台に立つ書き手と違って、たいてい舞台裏へと追いやられてしまうこれらの支えは、著書の刊行に欠かせない条件である。これらの背景条件なしには、本書が世に出ることはなかった。

本書では、資本主義の生産にまつわる秘められた支援について論じた。そしてそのような本の場合、執筆の基礎となった支援に対し、感謝の意を表すのは当然だろう。支援はあちこちから、さまざまなかたちで受け取った。教育機関の分野では、ニュースクール・フォー・ソーシャルリサーチが授業時間をフレキシブルに調整してくれ、一年間の長期休暇を認めてくれた。そして（何より大切なことに）刺激に満ちた知的な環境を与えてくれた。

また二〇一七―一八年には、ダートマス大学がロス・ファミリー著名客員教授として迎えてくれ、充実した蔵書、気前のいい財政支援、すばらしい同僚が勢揃いした、第二のアカデミックな本拠地を与えてくれた。

ほかにも数か所の機関が貴重な時間と研究環境を用意してくれたおかげで、本書の考えを練ることができた。最大の感謝を捧げたいのは、ジュード・ブラウンとケンブリッジ大学ジェンダー研究センター、ミシェル・ヴィヴィオルカとコレージュ・デチュード・モンディアル、ライナー・フォルストとフランクフルトのユスティーティア・アンプリフィカタ先端研究センター、バート・ホンブルクのゲーテ大学総合研究科人間科学科（FKH）、ハルトムート・ローザとイェーナ・フリードリヒ・シラー大学のポスト成長社会調査グループ、さらにヴィンフリート・フルック、ウラ・ハーゼルシュタイン、ベルリン・アインシュタイン財団、ベルリン自由大学JFKアメリカ研究センターである。

すばらしい助手を務めてくれた大学院生の調査スキルと友情に、最初から最後まで助けられた。心からの感謝を伝えたい。ブレア・テイラー、ブライアン・ミルスタイン、マイン・ユルドゥルム、マイラ・コッタ、ダニエル・ボスコフ＝エレン、タチィアナ・レイガノ、ニエヴェス・アナスタシア・カーク、ローザ・マルティンズ。

複数の学術雑誌のうち、特に『ニューレフト・レビュー』と『クリティカル・ヒストリカル・スタディーズ』は、本書で詳述した考えの初期の論文を発表するという、貴重な機会を与えてくれた。そのおかげでフィードバックを得て、改良を加え、論文に磨きをかけることができた。これらの論文を発表したときに、先の二誌をはじめ次の方々の世話になった。特別な感謝を捧げたい。

出版社のヴァーソ・ブックスは、私がいつも願っていたジェシー・キンディグという編集者をつけてくれた。彼女の熱意、創造力、言葉遣いは本書に大きな違いをもたらした。さらにヴァーソでは、進行部長のダニエル・オコナーと原稿整理編集者のスタン・スミスが、あちこち修正だらけの厄介な原稿を、誤りのない完成原稿に仕上げてくれた。メリッサ・ワイスの指揮の下、デイヴィッド・ジーは（あえてこの言葉を使うならば）、嚙みつく《バイティング》ウロボロスの強烈《バイティング》で洗練され、異彩を放つブックカバーをデザインしてくれた。

本書の背景にも、同僚や友人のなくてはならない支えがある。一部の方については、各章の原注で名前をあげて礼を述べた。彼らの影響はとりわけ重要だった。だが、より幅広く、より長い期間にわたって、私の考えをかたちづくり、刺激してくれた方たちもいる。不動の仲間であり、対話のパートナーである次の方々に礼を述べたい。シンジア・アルッザ、バヌ・バーグ、セイラ・ベンハビブ、リチャード・J・バーンスタイン、リュック・ボルタンスキー、クレイグ・キャルホーン、マイケル・ドーソン、ダンカン・フォーリー、ライナー・フォルスト、ユルゲン・ハーバーマス、デヴィッド・ハーヴェイ、アクセル・ホネット、ジョアンナ・オクサラ、アンドレアス・マルム、ジェイン・マンスブリッジ、シャンタル・ムフ、ドナルド・ピーズ、故モイシェ・ポストン、ハルトムート・ローザ、アントニア・スーレーズ、ヴォルフガング・シュトレーク、コーネル・ウェスト、ミシェル・ヴィヴィオルカ。

そして、あと二人。本書を捧げる相手だ。その二人は、執筆の最初から最後までずっと私の頭と心のなかにいた。一人はロビン・ブラックバーン。彼の深い知識、洞察、親切を私は何度も頼りにした。もう一人はラーヘル・イエッギ。私の真の「対話」のパートナーであり、本書で紹介した考えの多くは、彼女との対話を通して生まれ、のちに練り上げられた。

そして、最後にイーライ・ザレツキー。本書に対して本当に深く、幅広く、多角的に支援してくれた。簡単に礼を述べられるものではないが、彼の探究心に富んだ知性、広い視野、愛情深い支えがなければ本書は存在しなかった、とだけ述べておこう。

本書で紹介した第1章から第6章までの原型となる論文は、すでに他の学術誌に掲載されたものだ。元の出版社の許可を得て、改訂のうえ、本書に収めている。

第1章のもととなる考えを披露したのは、二〇一四年二月七日にケンブリッジ大学で開かれた、ダイアン・ミドルブルック&カール・ジェラッシ・レクチャーでの講演だった。そのときの内容がのちに、『ニューレフト・レビュー』八六号(二〇一四年)に「マルクスの秘められた場所の背後へ――資本主義の概念を拡張するために」と題して掲載され、激しい議論の洗礼を受け、ラーヘル・イエッギとの刺激的な議論を経て、説得力を増した〔邦訳は、「マルクスの隠れ家の背後へ――資本主義の概念の拡張のために」竹田杏子訳、『大原社会問題研究所雑誌』第六八三・六八四号、二〇一五年〕。イエッギとの議論の多くは、彼女との共著により、ブライアン・ミルスタイン編集で『資本主義――批判理論の対話』に収められて再刊される予定だ(二〇二三年四月)。イエッギと、その探究心に富んだ知性と温かい友情に改めて感謝する。

第2章のもととなる考えを披露したのは、二〇一八年一月五日にジョージア州サバンナで開かれた、アメリカ哲学会(APA)第一一四回東部地区会合の会長講演だった。その後、『アメリカ哲学会議事録と演説』第九二号(二〇一八年)に、「資本主義は必然的に人種差別的なのか」と題して掲載された。本章については、有益な意見を聞かせてくれたロビン・ブラックバーン、シャラド・チャリ、ラーヘル・イエッギ、イーライ・ザレツキーに感謝する。リサーチを手伝ってくれたダニエル・ボスコフ=エレンと、特にインスピレーションと刺激を与えてくれたマイケル・ドーソンには大変世話になった。

第3章のもとの考えを披露したのは、二〇一六年六月一四日に、パリの社会科学高等研究院で開かれた第三八回年次マルク・ブロック・レクチャーで行なった講演だった。その後、『ニューレフト・レビュー』一〇〇号（二〇一六年）に、「資本主義とケアの矛盾」という題で掲載してもらった。議論の多くは、シンジア・アルッザとジョアンナ・オクサラとの会話から生まれた。二人には心から感謝している。

第4章のもとの考えを披露したのは、二〇二一年五月四日に、ウィーンで開かれた第一回カール・ポランニー客員教授のレクチャーで、「灰化する自然――なぜ地球温暖化は、資本主義社会に組み込まれているのか」と題した就任演説だった。このときの内容は、『ニューレフト・レビュー』一二七号（二〇二一年）に、「資本の気候――環境という枠を超えた生態学的社会主義へ」と題して掲載された。

第5章のもととなる原稿は、『クリティカル・ヒストリカル・スタディーズ』第二号（二〇一五年）に、「正統化の危機か？　金融資本主義の政治的矛盾について」と題して掲載され、その後、ドイツ語に翻訳された（*Was stimmt nicht mit der Demokratie? Eine Debatte mit Klaus Dörre, Nancy Fraser, Stephan Lessenish und Hartmut Rosa*, edited by Hanna Ketterer and Karina Becker, Suhrkamp Verlag, 2019）。

第6章のもととなる考えを初めて披露したのは、二〇一九年五月八日にワシントン大学ソロモン・カッツ・ディスティングイッシュ・レクチャーで行なった講演だった。その後、『ソーシャリスト・レジスター』第五六号と『市場のディストピアを超えて――新しい生活様式』（二〇一九年、未邦訳）に、「二一世紀の社会主義はどんな意味を持つべきか」と題して掲載された。

# 解説

白井　聡

まず第一に言わねばならないのは、ナンシー・フレイザーによる本書は近代資本主義社会、その本質を理解する上で、きわめて重要な、第一級の文献であることだ。筆者はこのことを深く確信する。

筆者自身のものを含め、近現代の資本主義の危機、いやもっと正確に言えば、危機を内在的にはらんでいる資本主義の構造を分析する言説は国内外に多数ある。そのなかでも本書は、資本主義社会の矛盾の全体性、全般性を、その歴史的変遷、転位を含めて鮮やかに図式化した点において、際立っている。現代の課題を考察する上で、最良の文献の地位を間違いなく占めることになるであろう。

本書でフレイザーは、「資本主義」という言葉の意味を拡張して理解すべきであると提案する。それは単に経済的システムを指すものではないのだ、と。それは、社会全般の特定の在り方を示しており、「制度化された社会秩序」（四三頁）であるという。こうした観方は、カール・マルクスによる資本主義分析から多かれ少なかれ影響を受けた人文諸科学においては常識的なものだ。資本主義は、経済的なものであるだけでなく、社会全般の在り方を規定し、人間の意識・思考・欲望といった人間性そのものにも影響を与えることは、自明の事柄とされてきた。にもかかわらず、標準的な経済学は、資本主義を純粋に経済システムと見なし、あまつさえそれを「市場経済」と同一視してきた。

そのような愚昧に終止符を打たねばならない。なぜなら、本書で分析の俎上《そじょう》に上げられる人種差別・再生産の危機・環境危機・民主主義の危機といった現代において深刻化し続ける危機のすべては、資本主義の内在的メカニズム、すなわち無限の資本蓄積をめざすという宿命的な衝動に究極的には根差すものであるからである。より具体的に言えば、世界中（とりわけ欧米）で噴出する人種間の軋轢《あつれき》、壊滅的な少子化の進行、地球温暖化、ポピュリズムの流行等々といった危機的現象は、近代資本主義システムの発展の帰結にほかならない。したがって、これらの危機に対する個別的対処は、必然的に対症療法的なものにすぎなくなる。

それでは、これらの危機と資本主義システムとの内在的なつながりをフレイザーは、どのようにとらえているのだろうか。経済システムとしての資本主義は、実は資本主義システムが自ら生み出すことができず、消費してしまえば補塡《ほてん》することもできないものに、全面的に依存している。それをフレイザーは、資本主義的な「生産を成り立たせる可能性の条件」（二〇頁）と呼び、価値増殖を目的とする資本主義的経済活動とその外部にありながらそれを支える「可能性の条件」をひっくるめて「制度化された社会秩序」と見なし、その全体を「資本主義社会」と定義する。

「可能性の条件」の具体的内容は次の四つのものであるとされる。(1)すなわち、「搾取」ですらなく「収奪」される、その多くがグローバルサウスに住む人々。また、周知のように、そうした人々が、「北半球」の国々で、その国の国民の誰も従事しようとしない低賃金で劣悪な仕事に従事することも多い。いずれの場合でも、極端な低賃金や危険が「容認される／容認されない」の線引きは、人種差別的なものと言うほかない。(2)次に、市場に労働力を供給するというきわめて重大な役割を担っているにもかかわらず、その対価を不十分にしか、あるいはまったく支払われない再生産労働に従事する人々。この立場を割り振られてきたのは圧倒的に女性が多いことは、フェミニズムが明らかにしてきた通りだ。(3)そして、自然環境である。自然は、資本の価値増殖運動のためにそこから天然資源を容赦なく掘り出す対象であると同時に、経済活動によって生じた大量の廃物を捨てる場所となる。(4)最後に、国家・公的権力である。標準的経済学の想定はそれを捨象してしまうのだが、資本主義的経済活動は公的権力による治安の維持、法の執行、そして制度の整備なしには成り立ち得ない。言い換えれば、資本主義経済は自律的ではない。

この四つの「生産を成り立たせる可能性の条件」を、資本主義のシステムは自前で揃えることができない。言い換えれば、資本主義はこれらの条件の上で、これらの条件から一方的な収奪を行なうことによってのみ、価値増殖の運動を続けることができるのだ。つまり、資本主義社会は「つねに私たちの存在の基盤を喰い荒らし」している(一一頁)。

ここにこそ矛盾がある。かつて日本を代表するマルクス研究家であった宇野弘蔵は、「労働力の商品化の無理」に資本主義の矛盾の核心を見定めた。「無理」だというのは、「労働力の商品化」こそ資本主義の要諦であるにもかかわらず、労働力(つまりは人間そのもの)を資本主義システムは生産することができないからである。

フレイザーの議論は、宇野を想起させる視角を提示しつつ、資本主義システムが自ら生産できないまま全面的に依存しているもの、すなわち資本主義が喰い荒らしているものを、人間労働力だけでなく上記四つの領域に広く見出してゆく。それぞれの領域で、資本主義システムは、それらの領域に存在し機能してきたものを際限のない価値増殖運動のための原料にしてしまうことによって、荒廃させてしまう。すなわち、システム自らを可能にするものを荒廃させてしまう。その挙句、「私たちの存在の基盤」は侵蝕され、とうとう持続不可能な状況に突入したのではないか。今日の政治的、社会的、また生態学的な危機の深刻さは、このことの証左であるとフレイザーは示唆する。

マルクスがその発端を与え、ローザ・ルクセンブルクによって受け継がれ、現代においてはデヴィッド・ハーヴェイなどと軌を一にする右のような「資本主義経済」と「資本主義経済の構成的外部」との関係に対する認識は、フレイザーによって集大成され、本書において十全な体系化に達したと見ることができる。筆者もまた、マルクスの「包摂」(subsumption)や「物質代謝」(metabolism)の概念に着目して、資本主義システムによる「生」全体(人間はもちろん、すべての生きとし生けるもの)の呑み込み、あらゆる存在の価値増殖運動への動員、それがもたらす危機について議論してきた(『武器としての「資本論」』、『マルクス——生を呑み込む資本主義』)。今回フレイザーの議論に接してあらためて痛感したのは、資本主義システムがシステムの外部を内部化し、収奪することによって発展してきたことの重要性だった。この発展ならびに危機の拡大の軌道を、植民地主義、男女不平等、環境破壊、国家権力の機能不全といった領域に分節化して明快に論じるフレイザーの手際の鮮やかさには目を瞠《みは》るものがある。

本書の構成は、概論的な第1章において根本的視角を提示し、その後の第2~5章がそれぞれ、「人種差別に依拠した収奪」、「再生産」、「自然環境」、「国家権力」のテーマに充てられている。

そこで注目すべきは、それぞれの領域で、資本主義経済と「生産を成り立たせる可能性の条件」との矛盾が資本蓄積体制の転換を複数回にわたってもたらし、近代資本主義の歴史における「段階」を画してきた、とフレイザーが論じていることだ。その時代区分は、「一六―一八世紀の重商資本主義体制、一九世紀のリベラルな植民地資本主義体制、二〇世紀中頃の国家管理型資本主義体制、そして現代の金融資本主義体制である」(一〇八頁)と整理される。こうした「段階論」的歴史観も、宇野弘藏の理論と一脈通じるところがある。

フレイザーの議論の出色の点は、それぞれの段階の資本蓄積体制における内的矛盾や階級闘争として現れる内的葛藤が、次の段階への移行をもたらし、段階によって従属/支配のライン、すなわち誰が誰を支配するのかという境界が変化する、という論理を提示しているところにある。

例えば、第2章で取り上げられる人種差別の場合、まず一六―一八世紀の重商主義資本主義の時代は、マルクスの言う「本源的蓄積」の時代である。それは等価交換に基づく「搾取」以前のむき出しの「収奪」の時代であった。それは中核地域では囲い込み(エンクロージャー)として行なわれ、周辺地域(植民地)では人間そのもの、土地、鉱物資源に対する苛烈な収奪として現れた。このとき、ある意味で人種差別は薄かった。なぜなら、中核でも周辺でも、持たざる者は皆暴力的に収奪されたからである。

だが、一九世紀になると、中核地域では白人男性労働者が階級的な政治闘争を通じて市民的権利を勝ち取ってゆく一方、周辺地域では依然として収奪が続く。フレイザーいわく、白人至上主義的な身分秩序が生じるのはこの時点においてなのだ、という。すなわち、「二重の意味で自由」(マルクス)であり契約に基づいて自らの労働力を売る市民=労働者=白人男性と、収奪可能な被支配民へと「人種」が分かれる。そして、それは「搾取」と「収奪」の分化でもある。前者は等価交換において剰余価値を生産し搾取されるが、後者は無権利状態を前提として収奪され続ける。だが、この分離は表層にすぎず、実は搾取と収奪は混然一体化しているのだ。というのも、中核地域における剰余価値、すなわち労働者の低賃金と安価な商品の大量生産が可能になるためには、周辺地域から安価な食料、衣服、原材料、エネルギー源を収奪しなければならないからである。

二〇世紀に入ると、第二次世界大戦以後、国家管理型資本主義(フォーディズム)の資本蓄積体制が一般化するが、中核地域では、福祉国家のもと市民=労働者の権利が強化された一方で、差別対象となった人種は市民権を奪われたまま、「最も汚く最も卑しい仕事をあてがわれた」(八四頁)、つまり搾取されると同時に収奪された。他方、周辺地域では、脱植民地化が果たされたにもかかわらず、南北間の不等価交換により、中核地域による収奪が止むことはなかった。

そして、現在の金融資本主義体制においては、債務を通じた「搾取と収奪のハイブリッド型」（八七頁）が登場した、と言う。周辺地域の旧植民地国家は国際金融機関に対する債務によって住民のほぼ全員が搾取されつつ収奪される一方、中核地域でも労働者の実質賃金は低下し、法人税率が引き下げられるなかで、公共サービスは低下してきた。つまり、中核地域の市民＝労働者も搾取と収奪を同時に受けるようになる。そのような状況で消費者が消費を続けるために、負債が膨れ上がってゆくが、ここでもリーマン・ショック（二〇〇七—二〇〇八年）を引き起こしたサブプライムローンにおいて典型的に観察されたように、最も略奪的な金融の標的になるのは有色人種である。

以上の過程を追ってみると、やり切れない気持ちにならざるを得ない。誰か（例えば、白人男性労働者）の権利獲得や富裕化は、別の誰か（有色人種や女性、あるいは自然）に対する収奪によって可能になった、という事実が突きつけられるからである。つまり、資本主義システムが蓄積体制を変化させるとき、その矛盾は解消されるのではなく、別の位相に転位される、言い換えれば、矛盾のツケを他の誰かに負わせる、あるいは負わせ方を変えるにすぎないことがわかる。そしてその果てのいま、金融資本主義体制においては、ごく一部の富裕層以外の全員が搾取されると同時に収奪される「負け組」となるゲームが演じられているのである。フレイザーは、こうした矛盾の転位のメカニズムとその歴史を、「人種差別」、「再生産」、「自然環境」、「国家権力」の四つの領域において、見事に描き出している。

こうした無間地獄のごとき構造からいかにして脱出できるのか。めざすべきは「社会主義」しかない。この言葉に重ねられてきたさまざまなネガティブなイメージをものともせず、フレイザーはかねてよりそう主張してきた。

だが、ロジカルに考えれば、資本の運動が私たちの生活をあらゆる面で脅かし、人類の持続可能性を消し去りつつあるのだとすれば、採るべき道は資本主義の乗り越えしかあり得ない。それは、社会による資本の統制であり、資本に対する社会の優越という意味で社会主義である。無論、その道が困難なものであることはフレイザーも熟知しており、本書でも十全に具体的な社会主義社会のヴィジョンが与えられているわけではない。

とはいえ、いま求められているのは、確信の広まりではないだろうか。資本主義社会に未来はないこと、それは持続不可能であること、それは乗り越えられなければならないこと。この確信を燎原《りょうげん》の火のごとく広げることが、まずは必要なのだ。そして、本書はその任を十二分に果たすものにほかならない。

（しらい・さとし　政治学）

ない」。

## 第6章　思考の糧

1　もし社会主義に対する関心の高まりが、おもにアメリカ特有の現象だとするならば、その理由はおそらく、この数十年、アメリカでは社会主義という言葉がほとんど廃れていたからだろう。ほかの国では、新自由主義と結びつけて語られることで、社会主義という言葉の価値が損なわれたが、アメリカではそのように結びつけて語られることはなかった。特に欧州では、新自由主義政策を確固たるものとするうえで、大きな役割を果たしたのが社会主義政党だった。そのため、社会主義は、とりわけ若い活動家にとって悪臭漂うものである。ところが、アメリカでは対照的に、反社会主義感情は、新自由主義の左派の反対者からではなく、冷戦の修辞を使いまわす右派勢力から生まれる。右派勢力の「保守的な」立場は実のところ、若い武闘派にとって、社会主義という言葉の魅力を高めるのかもしれない。それどころか、この言葉に、特別な威信を吹き込むのかもしれない。

2　Mariana Prandini Assis, "Boundaries, Scales and Binaries of Women's Human Rights: An Examination of Feminist Confrontations in the Transnational Legal Sphere," PhD dissertation, 2019, The New School for Social Research.

3　Nancy Fraser, *Reframing Justice: The 2004 Spinoza Lectures* (Amsterdam: Van Gorcum, 2005) および "Reframing Justice in a Globalizing World," pp. 69-88.

4　この点について、より詳しい議論は次を参照。Nancy Fraser, "Reframing Justice" および "Publicity, Subjection, Critique: A Reply to My Critics," in *Trans-nationalizing the Public Sphere*, ed. Kate Nash (Malden, MA: Polity Press, 2014).

5　平等な参加について、および民主主義と支配とが両立しないことについては、次を参照されたい。Nancy Fraser and Axel Honneth, *Redistribution or Recognition? A Political-Philosophical Exchange*, trans. Joel Golb, James Ingram, and Christiane Wilke (London: Verso, 2003)〔ナンシー・フレイザー、アクセル・ホネット『再配分か承認か？――政治・哲学論争』加藤泰史監訳、法政大学出版局、2012年〕。

『時間かせぎの資本主義——いつまで危機を先送りできるか』鈴木直訳、みすず書房、2016年〕。

**4** Wendy Brown, *Undoing the Demos: Neoliberalism's Stealth Revolution* (New York: Zone Books, 2015)〔ウェンディ・ブラウン『いかにして民主主義は失われていくのか——新自由主義の見えざる攻撃』中井亜佐子訳、みすず書房、2017年〕。

**5** Stephen Gill, "New Constitutionalism, Democratisation, and Global Political Economy," *Pacifica Review* 10, no. 1 (1998), 23–38. もっと最近の文献については、Stephen Gill, "Market Civilization, New Constitutionalism, and World Order," in *New Constitutionalism and World Order*, ed. Stephen Gill and A. Claire Cutler (Cambridge, UK: Cambridge University Press, 2015), 29–44.

**6** Giovanni Arrighi, *The Long Twentieth Century: Money, Power, and the Origins of Our Time* (London and New York: Verso, 1994)〔ジョヴァンニ・アリギ『長い20世紀』〕。

**7** Ellen Meiksins Wood, "The Separation of the Economic and the Political in Capitalism," *New Left Review* 127 (1981), 66–95.

**8** Hannah Arendt, *The Origins of Totalitarianism* (New York: Harcourt, Brace, & Jovanovich, 1973)〔ハンナ・アーレント『新版　全体主義の起源(全三巻)』大久保和郎訳、みすず書房、2017年〕。際限ない蓄積の推力は領土内に制限されないいっぽう、政治的支配の論理が領土内に制限されることについては、次も参照されたい。David Harvey, "The 'New' Imperialism: Accumulation by Dispossession," *Socialist Register* 40 (2014), 63–87.

**9** Karl Polanyi, *The Great Transformation*, 2nd ed. (Boston: Beacon, 2001)〔カール・ポラニー『[新訳] 大転換』〕。

**10** 例外はアメリカである。アメリカは「世界の貨幣」の役割を果たすドルを、単にたくさん印刷すればよい。

**11** Crouch, *The Strange Non-death of Neoliberalism*.

**12** Reinhart Koselleck, "Crisis," trans. Michaela, W. Richter, *Journal of the History of Ideas* 67, no. 2 (April 2006), 357–400.

**13** 現在、民主主義が直面している危機のヘゲモニーの次元について、詳しい分析は次を参照。Nancy Fraser, *The Old Is Dying and the New Cannot Be Born* (London and New York: Verso, 2019).

**14** 新型コロナウイルス感染症のパンデミックを「資本主義の不合理と不正義の乱痴気騒ぎ」と定義することについて、詳しい議論は終章を参照されたい。

**15** Fraser, *The Old Is Dying and the New Cannot Be Born* (London and New York: Verso, 2019).

**16** Walter Benjamin, "Paralipomena to 'On the Concept of History,' " in *Walter Benjamin: Selected Writings*, Vol. 4, *1938–40*, ed. Howard Eiland and Michael W. Jennings, trans. Edmund Jephcott et al. (Cambridge, MA: Belknap Press, 2006), 402. ベンヤミンのこの言葉は、「歴史の概念について」の覚書の一つにあるが、最終的な論文には書かれていない。全文は以下の通り。「マルクスは言った。革命とは世界史の推進力だ、と。だが、状況は大きく異なるのだろう。革命とは、列車に乗って移動する人間が緊急ブレーキを踏む行為なのかもしれ

*Nature: Socialism and Ecology* (New York: Monthly Review Press, 2020). 最近、この伝統を拡張したものは多いが、そのなかでも特に次を参照されたい。Murray Bookchin, *Social Ecology and Communalism* (Chico, CA: AK Press, 2005); Michael Löwy, *Ecosocialism: A Radical Alternative to Capitalist Catastrophe* (Chicago: Haymarket, 2015).

**19** Timothy Mitchell, "Carbon Democracy," *Economy and Society* 38, no. 3 (2009), 399–432.

**20** Alyssa Battistoni, "Free Gifts: Nature, Households, and the Politics of Capitalism," PhD dissertation, Yale University, 2019.

**21** Susanne Friedberg, *Fresh: A Perishable History* (2010).

**22** Mitchell, "Carbon Democracy."

**23** Karl Jacoby, *Crimes against Nature: Squatters, Poachers, Thieves, and the Hidden History of Conservation* (Berkeley: University of California Press, 2014).

**24** 「間違った枠組み」については次を参照。Nancy Fraser, "Reframing Justice in a Globalizing World," *New Left Review*, n.s., 36, (Nov–Dec 2005), 69–88.

**25** Adrian Parr, *The Wrath of Capital: Neoliberalism and Climate Change Politics* (New York: Columbia University Press, 2013).

**26** バイオテクノロジーと知的財産の合体による剥奪について論じた、最良の報告は、いまなおヴァンダナ・シヴァの次の論文である。"Life Inc: Biology and the Expansion of Capitalist Markets," *Sostenible?* 2 (2000), 79–92.

**27** Larry Lohmann, "Financialization, Commodification, and Carbon: The Contradictions of Neoliberal Climate Policy," *Socialist Register* 48 (2012), 85–107.

**28** Martin O'Connor, "On the Misadventures of Capitalist Nature," in *Is Capitalism Sustainable? Political Economy and the Politics of Ecology*, ed. Martin O'Connor (New York: Guilford Press, 1994), 125–51; Joan Martinez-Alier, *The Environmentalism of the Poor*.

**29** このポイントと類似するのは、ブラックフェミニストと社会主義フェミニストが、争点を一つに絞ったフェミニズムについて繰り返し主張するポイントだ。単一争点のフェミニズムは、"純粋な"ジェンダーの問題を"無関係"な関心事から切り離すと称する。そのため、「ブルジョア的」フェミニズム、あるいは専門職や管理職に就く女性の状況に適した企業フェミニズムで終わってしまう。それらの関心事は、その女性にとってのみ"無関係"なのだ。

**第5章　民主主義を解体する**

**1** 私がこれらの表現を選んだのは、民主主義理論のさまざまな視点を表すためである。本文中の視点はそれぞれウィリアム・コノリー、アンドレアス・カリヴァス、シャンタル・ムフ、セイラ・ベンハビブのものである。とはいえ、ほかの表現を選ぶこともできた。

**2** Colin Crouch, *The Strange Non-death of Neoliberalism* (Cambridge, UK: Polity Press, 2011).

**3** Wolfgang Streeck, *Buying Time: The Delayed Crisis of Democratic Capitalism* (London and New York: Verso, 2014)〔ヴォルフガング・シュトレーク

れた説明がある。Philippe Descola, *Beyond Nature and Culture*, trans. Janet Lloyd (Chicago: University of Chicago Press, 2014)〔フィリップ・デスコラ『自然と文化を越えて』小林徹訳、水声社、2020年〕。次の優れた著書も参照のこと。Carolyn Merchant, *The Death of Nature: Women, Ecology, and the Scientific Revolution* (San Francisco: HarperOne, 1990)〔キャロリン・マーチャント『自然の死――科学革命と女・エコロジー』団まりな訳、工作舎、1985年〕。

**8** Andreas Malm, "The Origins of Fossil Capital: From Water to Steam in the British Cotton Industry," *Historical Materialism* 21 (2013), 15-68.

**9** Matthew T. Huber, "Energizing Historical Materialism: Fossil Fuels, Space and the Capitalist Mode of Production," *Geoforum* 40 (2008) 105-15.

**10** 「物質代謝の亀裂」という表現は、元はマルクスの考えである。ここでは、土壌の栄養サイクルの途絶について、ジョン・ベラミー・フォスターの説明を紹介している。次を参照。John Bellamy Foster, "Marx's Theory of Metabolic Rift: Classical Foundations for Environmental Sociology," *American Journal of* Sociology 105, no. 2 (1999), 366-405.

**11** John Bellamy Foster, Brett Clark, and Richard York, *The Ecological Rift: Capitalism's War on the Earth* (New York: New York University Press, 2011).

**12** この表現については次を参照。Jason W. Moore, "The Rise of Cheap Nature," in *Anthropocene or Capitalocene? Nature, History, and the Crisis of Capitalism*, ed. Jason W. Moore (Oakland: PM Press, 2016), 78-115.

**13** Alf Hornborg, "Footprints in the Cotton Fields: The Industrial Revolution as Time-Space Appropriation and Environmental Load Displacement," *Ecological Economics* 59, no. 1 (2006), 74-81.

**14** Aaron G. Jakes, *Egypt's Occupation: Colonial Economism and the Crises of Capitalism* (Redwood City, CA: Stanford University Press, 2020).

**15** たとえば次を参照されたい。Mike Davis, "The Origins of the Third World," *Antipode* 32, no. 1 (2000), 48-89; Alf Hornborg, "The Thermodynamics of Imperialism: Toward an Ecological Theory of Unequal Exchange," in *The Power of the Machine: Global Inequalities of Economy, Technology, and Environment* (Lanham, MD: AltaMira 2001), 35-48; Joan Martinez-Alier, "The Ecological Debt," *Kurswechsel* 4 (2002), 5-16; John Bellamy Foster, Brett Clark, and Richard York, "Imperialism and Ecological Metabolism," in *The Ecological Rift*, 345-74.

**16** Joan Martinez-Alier, *The Environmentalism of the Poor: A Study of Ecological Conflicts and Valuation* (Cheltenham, UK: Edward Elgar, 2003).

**17** 「富裕層の環境主義」という表現を、次の著書のタイトルから拝借している。Peter Dauvergne, *Environmentalism of the Rich* (Cambridge MA: The M.I.T. Press, 2016). このタイトルは、もともとジョアン・マルティネス＝アリエの「貧困層の環境主義」という言葉を逆さにしたものである。

**18** 一九世紀から二〇世紀にかけてイングランドで起きた社会主義的な環境主義の見事な復興については、次を参照。John Bellamy Foster, *The Return of*

Contradiction of Capitalism, with an Addendum on the Two Contradictions of Capitalism," in James O'Connor, *Natural Causes: Essays in Ecological Marxism* (New York: Guilford, 1998), 158-77. オコナーの次の説明のなかに還元主義的な側面があると指摘した、ジョン・ベラミー・フォスターは正しい。"Capitalism and Ecology: The Nature of the Contradiction," *Monthly Review* 54, no. 4 (2002), 6-16. だが、その側面はオコナーの中心的な考えにとって重要ではなく、私が彼の洞察を採用するにあたって何の影響も与えていない。

**2** Jason W. Moore, *Capitalism in the Web of Life: Ecology and the Accumulation of Capital* (London and New York: Verso, 2015)〔ジェイソン・W・ムーア『生命の網のなかの資本主義』山下範久・滝口良訳、東洋経済新報社、2021年〕。残念なことにムーアは、自然Ⅲはそのまま自然Ⅰに置き換わることができると考えていたらしい。ムーアは、自然Ⅰを「デカルト主義的(自然を単なる機械やモノとみなす自然観)」と退ける。この仮定によって、さまざまなことが政治的に成り立たなくなり、気候科学の価値を事実上無効にしてしまう。それだけでなく、概念的にも混乱している。本文で説明するように、三つの自然の概念は実際、両立し、同時に展開できる。ムーアと私の見解の違いについて、詳しくは以下を参照。Nancy Fraser and Rahel Jaeggi, *Capitalism: A Conversation in Critical Theory*, ed. Brian Milstein (Cambridge, UK: Polity Press, 2018), 94-6.

**3** 自然の三つの概念を用いるべきである。どの概念も、異なるレベルの分析と研究分野に適している。自然Ⅰは生物物理学的な分野にふさわしく、自然Ⅱは資本主義社会の構造的分析に、また自然Ⅲは史的唯物論に適している。正しく理解すれば、どれも互いに矛盾しない。三つの概念のレベルを区別せず、概念どうしを混同するから、矛盾して見えるのだ。したがって、批判的な現実主義者と社会的構成主義者(あるいは「反デカルト主義者」)とのあいだで近年生じた議論は、ほとんどが的外れである。どちらの側も一つの概念に拘泥し、その概念を非論理的に全体化するとともに、相手の概念を不当に排除している。次を参照のこと。Andreas Malm, *The Progress of This Storm: Nature and Society in a Warming World* (London and New York: Verso, 2018).

**4** 私は「発展の」危機と「重大な」危機という言葉を、ジェイソン・W・ムーアの論文から拝借している。ムーアはこの二つの言葉を、生態学的批評理論のために、イマニュエル・ウォーラーステインとジョヴァンニ・アリギから用いていた。ムーアの次の論文を参照されたい。"*The Modern World System* as Environmental History? Ecology and the Rise of Capitalism," *Theory and Society* 32, no. 3 (2003).

**5** 「体内的」と「体外的」なエネルギー体制の違いについては、次を参照。J. R. McNeill, *Something New Under the Sun: An Environmental History of the 20th Century World* (New York: W. W. Norton & Co., 2000), esp. 10-16〔J・R・マクニール『20世紀環境史』梅津正倫ほか監訳、名古屋大学出版会、2011年〕。

**6** Jason W. Moore, "Potosí and the Political Ecology of Underdevelopment, 1545-1800," *Journal of Philosophical Economics* 4, no. 1 (2010), 58-103.

**7** この点について、文化人類学者フィリップ・デスコラのすばらしい著書に優

23 自由市場主義者と「新しい社会運動」との思いも寄らない同盟が新たな体制を生み、例によってあらゆる政治的提携を寄せ集め、ヒラリー・クリントンのような「進歩的」新自由主義のフェミニストを、ドナルド・トランプのような権威主義で国家主義のポピュリストと闘わせた。

24 Elizabeth Warren and Amelia Warren Tyagi, *The Two-Income Trap: Why Middle-Class Parents Are Going Broke* (New York: Basic Books, 2003).

25 Arlie Hochschild, "Love and Gold," in *Global Woman: Nannies, Maids, and Sex Workers in the New Economy*, ed. Barbara Ehrenreich and Arlie Hochschild (New York: Henry Holt & Co., 2002), 15–30.

26 Jennifer Bair, "On Difference and Capital," *Signs: Journal of Women in Culture and Society* 36, no. 1 (2010).

27 "Apple and Facebook Offer to Freeze Eggs for Female Employees," *Guardian*, October 15, 2014. 重要なことに、これらの特典はもはや専門職、技術職、管理職の限られた階級の女性だけに適用されるものではない。アメリカ陸軍は現在、兵役期間の延長に署名した女性兵士に対し、卵子凍結サービスの費用を全額負担する。"Pentagon to Offer Plan to Store Eggs and Sperm to Retain Young Troops," *New York Times*, February 3, 2016. ここで優先されるのは、民営化の論理ではなく軍国主義の論理だ。女性兵士が戦闘中に命を落とした場合、その凍結卵子はどうなるのか、という漠然とした疑問を提起した者は、私の知る限り誰もいない。

28 Courtney Jung, *Lactivism: How Feminists and Fundamentalists, Hippies and Yuppies, and Physicians and Politicians Made Breast feeding Big Business and Bad Policy* (New York: Basic Books, 2015), esp. 130–1. 医療保険制度改革法（通称オバマケア）はいま、これらのハイテク搾乳器を受益者に無償で供給するよう、医療保険会社に命じている。したがって、この利益も一部の特権階級の女性だけの特典ではない。結果的に、莫大な規模の新たな市場を創造し、製造業者は中国の下請け業者の工場でハイテク搾乳器を大量に製造している。次を参照。Sarah Kliff, "The Breast Pump Industry Is Booming, Thanks to Obamacare," *Washington Post*, January 4, 2013.

29 Lisa Belkin, "The Opt-Out Revolution," *New York Times*, October 26, 2003; Judith Warner, *Perfect Madness: Motherhood in the Age of Anxiety* (New York: Penguin, 2006); Lisa Miller, "The Retro Wife," *New York*, March 17, 2013; Anne-Marie Slaughter, "Why Women Still Can't Have It All," *Atlantic*, July–August 2012および*Unfinished Business* (New York: Random House, 2015)〔アン＝マリー・スローター『仕事と家庭は両立できない？――「女性が輝く社会」のウソとホント』関美和訳、ＮＴＴ出版、2017年〕。Judith Shulevitz, "How to Fix Feminism," *New York Times*, June 10, 2016.

### 第４章　呑み込まれた自然

1 資本主義の生態学的な矛盾について、私の説明は、ジェイムズ・オコナーの「資本主義の第二の矛盾」という画期的な理論化に負っている。カール・ポランニーの考えを用いることで、オコナーは「生産条件」と、その条件を資本が蝕む傾向について概念化する道を拓いてきた。以下を参照。 "The Second

*Urban Growth, 1820–2000* (New York: Pantheon, 2003); Stuart Ewen, *Captains of Consciousness: Advertising and the Social Roots of the Consumer Culture* (New York: Basic Books, 2008).
**17** この時代、国家が支援する社会的再生産は、本国の労働者と資本が拠出した税収と専用基金によって賄われた。その比率は、その国家内の階級権力の関係によって異なった。とはいえ、それらの収入源は、海外からの直接投資による利益を通して、また不等価交換に基づく取引を通して、周辺から吸い上げた価値で膨れ上がっていた。以下を参照。Raúl Prebisch, *The Economic Development of Latin America and Its Principal Problems* (New York: UN Department of Economic Affairs, 1950); Paul Baran, *The Political Economy of Growth* (New York: Monthly Review Press, 1957)〔ポール・バラン『成長の経済学』浅野栄一・高須賀義博訳、東洋経済新報社、1960年〕; Geoffrey Pilling, "Imperialism, Trade, and 'Unequal Exchange': The Work of Aghiri Emmanuel," *Economy and Society* 2, no. 2 (1973); Gernot Köhler and Arno Tausch, *Global Keynesianism: Unequal Exchange and Global Exploitation* (New York: Nova Science Publishers, 2001).
**18** Jill Quadagno, *The Color of Welfare: How Racism Undermined the War on Poverty* (Oxford: Oxford University Press, 1994); Ira Katznelson, *When Affirmative Action Was White: An Untold History of Racial Inequality in Twentieth-Century America* (New York: W.W. Norton & Co., 2005).
**19** Jacqueline Jones, *Labor of Love, Labor of Sorrow: Black Women, Work, and the Family from Slavery to the Present* (New York: Vintage, 1985)〔ジャクリーン・ジョーンズ『愛と哀――アメリカ黒人女性労働史』風呂本惇子ほか訳、學藝書林、1997年〕およびEvelyn Nakano Glenn, *Forced to Care: Coercion and Caregiving in America* (Cambridge, MA: Harvard University Press, 2010).
**20** Nancy Fraser, "Women, Welfare, and the Politics of Need Interpretation," in *Unruly Practices: Power, Discourse, and Gender in Contemporary Social Theory* (Minneapolis: University of Minnesota Press, 1989); Barbara Nelson, "Women's Poverty and Women's Citizenship," *Signs: Journal of Women in Culture and Society* 10, no. 2 (1985); Diana Pearce, "Women, Work, and Welfare," in *Working Women and Families*, ed. Karen Wolk Feinstein (Beverly Hills, CA: Sage, 1979); Johanna Brenner, "Gender, Social Reproduction, and Women's Self-Organization," *Gender and Society* 5, no. 3 (1991).
**21** Hilary Land, "Who Cares for the Family?," *Journal of Social Policy* 7, no. 3 (1978); Harriet Holter, ed., *Patriarchy in a Welfare Society* (Oxford: Oxford University Press, 1984); Mary Ruggie, *The State and Working Women* (Princeton, NJ: Princeton University Press, 1984); Birte Siim, "Women and the Welfare State," in *Gender and Caring*, ed. Clare Ungerson (London and New York: Harvester Wheatsheaf, 1990); Ann Shola Orloff, "Gendering the Comparative Analysis of Welfare States," *Sociological Theory* 27, no. 3 (2009).
**22** Adrienne Roberts, "Financing Social Reproduction," *New Political Economy* 18, no. 1 (2013).

*Property, and the State* (Chicago: Charles H. Kerr, 1902), 90-100〔フリードリヒ・エンゲルス『家族・私有財産・国家の起源』戸原四郎訳、岩波文庫、1965年、95-110ページ〕。

**5** Nancy Woloch, *A Class by Herself* (Princeton, NJ: Princeton University Press, 2015).

**6** Karl Polanyi, *The Great Transformation* (Boston: Beacon Press, 2001), 87, 138-9, 213〔カール・ポラニー『[新訳] 大転換』143-144, 240-241, 370ページ〕。

**7** Ava Baron, "Protective Labour Legislation and the Cult of Domesticity," *Journal of Family Issues* 2, no. 1 (1981).

**8** Maria Mies, *Patriarchy and Accumulation on a World Scale* (London: Bloomsbury Academic, 2014), 74〔マリア・ミース『国際分業と女性——進行する主婦化』奥田暁子訳、日本経済評論社、1997年〕。

**9** Eli Zaretsky, *Capitalism, the Family, and Personal Life* (London: Pluto Press, 1986); Stephanie Coontz, *The Social Origins of Private Life* (London: Verso, 1988).

**10** Judith Walkowitz, *Prostitution and Victorian Society* (Cambridge, UK: Cambridge University Press, 1980); Barbara Hobson, *Uneasy Virtue: The Politics of Prostitution and the American Reform Tradition* (Chicago: University of Chicago Press, 1990).

**11** Angela Davis, "Reflections on the Black Woman's Role in the Community of Slaves," *Massachusetts Review* 13, no. 2 (1972).

**12** David Wallace Adams, *Education for Extinction: American Indians and the Boarding School Experience, 1875-1928* (Lawrence: University Press of Kansas, 1995); Ward Churchill, *Kill the Indian, Save the Man: The Genocidal Impact of American Indian Residential Schools* (San Francisco: City Lights, 2004).

**13** Gayatri Spivak, "Can the Subaltern Speak?," in *Marxism and the Interpretation of Culture*, ed. Cary Nelson and Lawrence Grossberg (London: Macmillan Education, 1988), 305.〔ガヤトリ・C・スピヴァク『サバルタンは語ることができるか』上村忠男訳、みすず書房、1998年、78ページ〕。

**14** Nancy Fraser, "A Triple Movement? Parsing the Politics of Crisis after Polanyi," *New Left Review* 81 (May-June 2013), 119-132.

**15** Michel Foucault, "Governmentality," in *The Foucault Effect*, ed. Graham Burchell, Colin Gordon, and Peter Miller (Chicago: University of Chicago Press, 1991), 87-104; Foucault, *The Birth of Biopolitics: Lectures at the Collège de France, 1978-1979* (New York: Palgrave Macmillan, 2010), 64〔ミシェル・フーコー『ミシェル・フーコー講義集成 8　生政治の誕生　コレージュ・ド・フランス講義1978-79年度』慎改康之訳、筑摩書房、2008年、82-83ページ〕。

**16** Kristin Ross, *Fast Cars, Clean Bodies: Decolonization and the Reordering of French Culture* (Cambridge, MA, 1996)〔クリスティン・ロス『もっと速く、もっときれいに——脱植民地化とフランス文化の再編成』中村督・平田周訳、人文書院、2019年〕。Dolores Hayden, *Building Suburbia: Green Fields and*

（アマルガム）か合成（ハイブリッド）とみたほうが理解しやすい。超搾取という言葉はまぎれもなく示唆に富むが、もっぱら人種差別に基づく賃金格差の経済学に焦点を当て、身分の違いには注目していない。それに引き換え、私のアプローチの目的は、経済的略奪と政治的服従との深い関係を明らかにすることにある。超搾取の議論については次を参照。Ruy Mauro Marini, *Dialéctica de la dependencia* (Mexico City: Ediciones Era, 1973).

**14** BRICSはBrazil（ブラジル）、Russia（ロシア）、India（インド）、China（中国）、South Africa（南アフリカ共和国）の頭文字をつなげた頭字語。

**15** 進歩的な新自由主義については次を参照。Nancy Fraser, "The End of Progressive Neoliberalism," *Dissent* (Spring 2017). 以下も参照されたい。Nancy Fraser, *The Old Is Dying and the New Cannot Be Born: From Progressive Neoliberalism to Trump and Beyond* (London and New York: Verso, 2019).

## 第3章　ケアの大喰らい

**1** 2016年6月14日、パリの社会科学高等研究院のマルク・ブロック・レクチャーの公演で、本章のフランス語版を披露した。フランス語版は同院のウェブサイトでも読むことができる。レクチャーに招待してくれた院長のピエール＝シリル・オクール、議論を活性化してくれたジョアンナ・オクサラ、貴重なコメントをくれたマラ・トゥンとイーライ・ザレツキー、調査を手伝ってくれたセリム・ヒーパーに感謝する。

**2** この議論については、多くのフェミニストの理論家がさまざまなバージョンを考え出してきた。マルクス主義のフェミニストの象徴的な論述は、Eli Zaretsky, *Capitalism, the Family, and Personal Life* (London: Pluto Press, 1986); Lise Vogel, *Marxism and the Oppression of Women* (Boston: Brill, 2013). ほかにも説得力のある論述は、Nancy Folbre, *The Invisible Heart* (New York: New Press, 2002). 社会的再生産の理論家がのちに詳述したものはBarbara Laslett and Johanna Brenner, "Gender and Social Reproduction," *Annual Review of Sociology* 15 (1989); Kate Bezanson and Meg Luxton, eds., *Social Reproduction* (Montreal: McGill–Queen's University Press, 2006); Isabella Bakker, "Social Reproduction and the Constitution of a Gendered Political Economy," *New Political Economy* 12, no. 4 (2007); *Social Reproduction Theory: Remapping Class, Recentering Oppression*, ed. Tithi Bhattacharya (Pluto Press, 2017); Susan Ferguson, *Women and Work: Feminism, Labor, and Social Reproduction* (Pluto Press, 2019); and Cinzia Arruzza, Tithi Bhattacharya, and Nancy Fraser, *Feminism for the 99%: A Manifesto* (Verso, 2019)〔シンジア・アルッザ、ティティ・バタチャーリャ、ナンシー・フレイザー『99%のためのフェミニズム宣言』惠愛由訳、人文書院、2020年〕。

**3** Louise Tilly and Joan Scott, *Women, Work, and Family* (London: Routledge, 1987).

**4** Karl Marx and Friedrich Engels, "Manifesto of the Communist Party," in *The Marx-Engels Reader* (New York: W.W. Norton & Co., 1978), 487–8〔カール・マルクス、フリードリヒ・エンゲルス『共産党宣言』大内兵衛・向坂逸郎訳、岩波文庫、1951年〕。Friedrich Engels, *The Origin of the Family, Private*

ーにもミシシッピ・デルタがある」。Jason W. Moore, "The Capitalocene, Part II: Accumulation by Appropriation and the Centrality of Unpaid Work/Energy," *Journal of Peasant Studies* 45 (2018).

**6** 次の節で説明するように、分離して支配するという戦略は、特定の人種にコード化した身分ヒエラルキーを活用する。そのヒエラルキーでは、市民と被支配民とを、国民と外国人とを、自由な個人と奴隷とを、「ヨーロッパ人」と「先住民」とを、「白人」と「黒人」とを、さらには権利を持つ「労働者」と従属する「役立たず」とを区別する。

**7** Marx, *Capital*, Vol. 1, 873-6.〔マルクス『資本論(三)』339-344ページ〕。

**8** 原始的蓄積の概念を拡張し、初期の貯蔵プロセス以上の意味を持たせた、ほかの説明については以下を参照。Robin Blackburn, "Extended Primitive Accumulation," in *The Making of New World Slavery: From the Baroque to the Modern, 1492-1800* (London and New York: Verso, 2010).

**9** 蓄積が主体化の上に成り立っていることは、より大きな現象の特別なケースである。ほかの点でも、資本主義の「経済的な下位システム」の存在は、そのシステムとは関係のない条件の上に成り立っている。そのなかには、政治権力によってのみ保証される条件も含まれる。財産権を保障し、契約を履行させ、紛争を裁定する法的枠組みを、蓄積が必要とすることは明らかだ。同様に、反乱を鎮圧し、秩序を維持し、意見の対立を解消する抑圧的な軍事力も必要だ。さらには、危機管理を図る政治的イニシアティブが不可欠なことは、資本主義の歴史のなかで繰り返し証明されてきた。またインフラ、社会福祉、そしてもちろん貨幣の供給も不可欠だ。これらの不可欠な政治機能については、本書の第5章で取り上げた。以下も参照のこと。"Legitimation Crisis? On the Political Contradictions of Financialized Capitalism," *Critical Historical Studies* 2, no. 2 (2015), 1-33. それに対して、私がここで焦点を当てるのは、政治的主体化という同じくらい不可欠な機能である。

**10** Judith Shklar, *American Citizenship: The Quest for Inclusion* (Cambridge, MA: Harvard University Press, 1998).

**11** Marx, *Capital*, Vol. 1, 915.〔マルクス『資本論(三)』395-412ページ〕。

**12** Nancy Fraser and Linda Gordon, "A Genealogy of 'Dependency': Tracing a Keyword of the US Welfare State," *Signs: Journal of Women in Culture and Society* 19, no. 2 (Winter 1994), 309-36. Reprinted in Nancy Fraser, *Fortunes of Feminism: From State-Managed Capitalism to Neoliberal Crisis* (London and New York: Verso, 2013).

**13** 私がここで示唆しているのは、国家管理型資本主義において、収奪の要素と搾取の要素とが組み合わさった、人種差別に基づく労働状況である。アメリカの中核で、有色人種の労働者は賃金を支払われたものの、その額は社会的に必要な平均的再生産費用を下まわっていた。彼らは自由な個人でありアメリカ市民という正式な身分を持っていたが、公的権力に訴えて、みずからの権利を主張することはできなかった。それどころか、彼らを暴力から守るとされていた人たちは、たいてい加害者の側に立った。したがって、有色人種の労働者の身分には、搾取と収奪の政治的、経済的側面が混合していた。「超搾取」という概念はよく知られているが、その概念を介してではなく、搾取と収奪の混合

1990), 95–118; Robin D. G. Kelley, *Hammer and Hoe: Alabama Communists during the Great Depression* (Chapel Hill: University of North Carolina Press, 1990) および *Race Rebels: Culture, Politics, and the Black Working Class* (New York: Free Press, 1996); Cornel West, "The Indispensability Yet Insufficiency of Marxist Theory" および "Race and Social Theory," どちらも *The Cornel West Reader* (New York: Basic Civitas Books, 1999), 213–30および251–67に収められている。

**2** 「批判的人種理論」という表現はもともと、法と人種との関係に光を当てようとする学問を指した。その後、この言葉はアメリカにおいて右派勢力に乗っ取られ、反人種差別に関するいかなる種類の体系的な研究をもそう呼び、その正当性を否定するために用いられた。私はこの箇所で、そして本書を通して、批判的人種理論という言葉を軽蔑的な意味で使ってはいない。黒人解放理論だけではないが、その理論を含む反人種差別と反帝国主義の理論化の範囲の広さを指摘するために、肯定的な意味で使っている。

**3** Michael C. Dawson, *Blacks In and Out of the Left* (Cambridge, MA: Harvard University Press, 2013); Ruth Wilson Gilmore, *Golden Gulag: Prisons, Surplus, Crisis, and Opposition in Globalizing California* (Berkeley and Los Angeles: University of California Press, 2017); Cedric Johnson, *Revolutionaries to Race Leaders: Black Power and the Making of African American Politics* (Minneapolis: University of Minnesota Press, 2007); Barbara Ransby, *Making All Black Lives Matter: Reimagining Freedom in the Twenty-First Century* (Berkeley and Los Angeles: University of California Press, 2018); Keeanga-Yamahtta Taylor, *From #Black Lives Matter to Black Liberation* (Chicago: Haymarket, 2016); Keeanga-Yamahtta Taylor, *Race for Profit: How Banks and the Real Estate Industry Undermined Black Homeownership* (University of North Carolina Press, 2021).

**4** マルクスがこれらのプロセスをまったく考慮しなかった、と言えば嘘になるだろう。それどころか、『資本論』では奴隷制度、植民地主義、アイルランド人の国外移住、「労働予備軍」について述べている。だが、労働予備軍を除けば、体系的に詳しく述べているわけではない。また、みずからの資本主義概念において、重要かつ構造的な役割を果たすカテゴリーも生み出していない。以下を参照。Karl Marx, *Capital*, Vol. I, trans. Ben Fowkes (London: Penguin, 1976), 781–802; 854–70; 914–26; and 931–40〔マルクス『資本論(三)』205–235, 316–338, 395–412, 418–433ページ〕。それに対して、マルクスのあとに長く続く思想家は、人種的抑圧の分析をマルクス主義に組み込もうとしてきた。本章の原注1および2を参照されたい。私の取り組みは彼らの思想の上に成り立つとともに、概念については独自の主張も展開している。

**5** この表現は、ジェイソン・W・ムーアの考えをそのまま表している。利益率の高い生産を成り立たせる可能性の条件として、資本が(人びとだけでなく自然の)無償の働きを収奪し、いまなお収奪に依存していることをムーアは指摘する。彼は次のように述べている。「無償の自然を莫大な規模で私物化し始めるとき、生産性を最大化する技術は全システムの蓄積を活気づける。どこのアムステルダムにも(ポーランドの)ヴィスワ盆地があり、どこのマンチェスタ

House, 2011)〔デヴィッド・グレーバー『負債論――貨幣と暴力の5000年』酒井隆史監訳、高祖岩三郎・佐々木夏子訳、以文社、2016年〕。

**10** Ellen Meiksins Wood, *Empire of Capital* (London and New York: Verso, 2003)〔エレン・メイクシンズ・ウッド『資本の帝国』中山元訳、紀伊國屋書店、2004年〕。

**11** Giovanni Arrighi, *The Long Twentieth Century: Money, Power, and the Origins of Our Times* (London and New York: Verso, 1994)〔ジョヴァンニ・アリギ『長い20世紀――資本、権力、そして現代の系譜』土佐弘之監訳、柄谷利恵子ほか訳、作品社、2009年〕。

**12** Georg Lukács, *History and Class Consciousness: Studies in Marxist Dialectics* (London: Merlin Press, 1971)〔ゲオルク・ルカーチ『歴史と階級意識［新装版］』平井俊彦訳、未來社、1998年〕。

**13** Sara Ruddick, *Maternal Thinking: Towards a Politics of Peace* (London: Women's Press, 1990); Joan Tronto, *Moral Boundaries: A Political Argument for an Ethic of Care* (New York: Routledge, 1993).

**14** Nancy Fraser, "Struggle over Needs: Outline of a Socialist-Feminist Critical Theory of Late-Capitalist Political Culture," in *Unruly Practices: Power, Discourse, and Gender in Contemporary Social Theory* (Minneapolis: University of Minnesota Press, 1989).

**15** 以下を参照のこと。James O'Connor, "Capitalism, Nature, Socialism: A Theoretical Introduction," *Capitalism, Nature, Socialism* 1, no. 1 (1988), 1–22.

## 第2章　飽くなき食欲

**1** 「ブラック・マルクス主義」という表現を最初に用いたのは、セドリック・ロビンソンだ。ロビンソンは、黒人解放思想というマルクス主義の伝統の異彩を放つ概念を創出した。以下を参照。Cedric Robinson, *Black Marxism* (Chapel Hill: University of North Carolina Press, 1999). ところが、その伝統を是認するどころか、ロビンソンは批判的な立場をとった。ブラック・マルクス主義のおもな擁護者の著書は以下の通り。C. L. R. James, *The Black Jacobins* (London: Penguin Books, 1938)〔C・L・R・ジェームズ『ブラック・ジャコバン――トゥサン＝ルヴェルチュールとハイチ革命』青木芳夫監訳、大村書店、1991年〕。W. E. B. Du Bois, *Black Reconstruction in America, 1860–1880* (1938); Eric Williams, *Capitalism and Slavery* (Chapel Hill: University of North Carolina Press, 1944)〔エリック・ウィリアムズ『資本主義と奴隷制』中山毅訳、ちくま学芸文庫、2020年〕。Oliver Cromwell Cox, *Caste, Class, and Race: A Study of Social Dynamics* (Monthly Review Press, 1948); Stuart Hall, "Race, Articulation, and Societies Structured in Dominance," *Sociological Theories: Race and Colonialism* (UNESCO, 1980), 305–45; Walter Rodney, *How Europe Underdeveloped Africa* (Washington, DC: Howard University Press, 1981); Angela Davis, *Women, Race, and Class* (London: Women's Press, 1982); Manning Marable, *How Capitalism Underdeveloped Black America* (Brooklyn: South End Press, 1983); Barbara Fields, "Slavery, Race, and Ideology in the United States of America," *New Left Review* 181 (May–June

# 原　注

## 第1章　雑食

**1**　マルクス主義の伝統において、資本は「自己増殖する価値」と定義されることが多い。だが、この表現は誤解を招く。実際、資本は次の二つによって増殖する。一つは、賃金労働者の剰余労働時間を搾取して私物化することによって、もう一つは、ケア労働者、人種差別の対象者、自然の三つの富を無償か安価に収奪することによって増殖する。言い換えれば、資本は独力では増殖しない。むしろ「私たち」を共喰いすることによって増殖する。この点を強調するために、私は“自己”と括弧をつけた。

**2**　Piero Sraffa, *Production of Commodities by Means of Commodities: Prelude to a Critique of Economic Theory* (Cambridge, UK: Cambridge University Press, 1960)〔ピエロ・スラッファ『商品による商品の生産──経済理論批判序説』菱山泉・山下博訳、有斐閣、1962年〕。

**3**　Immanuel Wallerstein, *Historical Capitalism* (London: Verso 1983), 39〔イマニュエル・ウォーラーステイン『史的システムとしての資本主義』川北稔訳、岩波文庫、2022年、62-63ページ〕。

**4**　Karl Polanyi, *The Great Transformation* (Boston: Beacon Press, 1965)〔カール・ポラニー『[新訳] 大転換』野口建彦・栖原学訳、東洋経済新報社、2009年〕。Nancy Fraser, "Can Society Be Commodities All the Way Down?," *Economy and Society* 43 (2014).

**5**　Karl Marx, *Capital*, Vol. 1, trans. Ben Fowkes (London: Penguin, 1976), 873-6〔カール・マルクス『資本論（三）』向坂逸郎訳、岩波文庫、1969年、339-344ページ〕。

**6**　Rosa Luxemburg, *The Accumulation of Capital* (New York: Monthly Review Press, 1968)〔ローザ・ルクセンブルク『資本蓄積論（全三篇）』ローザ・ルクセンブルク選集編集委員会編集、小林勝訳、お茶の水書房、2013年〕。David Harvey, *The New Imperialism* (Oxford: Oxford University Press, 2003), 137-82〔デヴィッド・ハーヴェイ『ニュー・インペリアリズム』本橋哲也訳、青木書店、2005年、第4章〕。

**7**　Karl Marx, *Capital*, Vol. III, trans. David Fernbach (New York: International Publishers, 1981), 949-50〔マルクス『資本論（八）』327-339ページ〕。John Bellamy Foster, "Marx's Theory of Metabolic Rift: Classical Foundations of Environmental Sociology," *American Journal of Sociology* 105, no. 2 (September 1996). 人新世という概念への批判については、本書の第4章を読まれたい。

**8**　Donna Haraway, "A Cyborg Manifesto: Science, Technology, and Socialist-Feminism in the Late Twentieth Century," *Socialist Review* 80 (1985).

**9**　Geoffrey Ingham, *The Nature of Money* (Cambridge: Cambridge University Press, 2004); David Graeber, *Debt: The First 5,000 Years* (New York: Melville

## ワ　行



## その他

## マ　行



## ヤ　行



## ラ　行

## ナ　行



## ハ　行

## タ　行

## サ　行

# 索　引

## ア　行



## カ　行

ちくま新書
1740

# 資本主義《しほんしゅぎ》は私《わたし》たちを なぜ幸《しあわ》せにしないのか

二〇二三年八月一〇日　第一刷発行
二〇二四年八月三〇日　第七刷発行

著者　ナンシー・フレイザー
訳者　江口泰子（えぐち・たいこ）
発行者　増田健史
発行所　株式会社 筑摩書房
東京都台東区蔵前二-五-三　郵便番号一一一-八七五五
電話番号〇三-五六八七-二六〇一（代表）
装幀者　間村俊一
印刷・製本　三松堂印刷 株式会社


ISBN978-4-480-07565-9 C0233

## ちくま新書

1639 パンデミック監視社会　デイヴィッド・ライアン　松本剛史訳

新型コロナウイルスのパンデミックは監視技術の世界的大流行でもあった。加速する監視資本主義とデータ主義は社会をどう変えるのか。世界的権威による緊急発言。

533 マルクス入門　今村仁司

社会主義国家が崩壊し、マルクス主義が後退した今、マルクスを読みなおす意義は何か？　既存のマルクス像からはじめて自由になり、新しい可能性を見出す入門書。

1182 カール・マルクス——「資本主義」と闘った社会思想家　佐々木隆治

カール・マルクスの理論は、今なお社会変革の最強の武器であり続けている。最新の文献研究からマルクスの実像に迫ることで、その思想の核心を明らかにする。

922 ミシェル・フーコー——近代を裏から読む　重田園江

社会の隅々にまで浸透した「権力」の成り立ちを問い、常識的なものの見方に根底から揺さぶりをかけるフーコー。その思想の魅力と強靭さをとらえる革命的入門書！

1622 グローバリゼーション——移動から現代を読みとく　伊豫谷登士翁

ヒト、モノ、カネが国境を越えて行き交う現代世界で、なぜ自国第一主義や排外主義が台頭するのか。グローバル化の根本原理を明らかにし、その逆説を解きほぐす。

1245 アナキズム入門　森元斎

国家なんていらない、ひたすら自由に生きよう——プルードン、バクーニン、クロポトキン、ルクリュ、マフノの思想と活動を生き生きと、確かな知性で描き出す。

1265 僕らの社会主義　國分功一郎　山崎亮

いま再びグランド・セオリーが必要とされているのではないか？　マルクス主義とは別の「あったかもしれない社会主義」の可能性について気鋭の論客が語り尽くす。

1559
ポスト社会主義の政治
――ポーランド、リトアニア、アルメニア、ウクライナ、モルドヴァの準大統領制
松里公孝
地政学的対立とポピュリズムに翻弄された激動の30年を、大統領・議会・首相の関係から読み解く。時に暴力を伴う政治体制の変更は、なぜ繰り返されるのか。

1688
社会主義前夜
――サン＝シモン、オーウェン、フーリエ
中嶋洋平
格差によって分断された社会を、どのように建て直していくべきなのか。革命の焼け跡で生まれた、〝空想的〟でも〝社会主義〟でもない三者の思想と行動を描く。

1039
社会契約論
――ホッブズ、ヒューム、ルソー、ロールズ
重田園江
この社会の起源には何があったのか。ホッブズ、ヒューム、ルソー、ロールズの議論を精密かつ大胆に読みなおし、近代の中心的思想を今に蘇らせる清冽な入門書！

1637
ホモ・エコノミクス
――「利己的人間」の思想史
重田園江
経済学が前提とする「利己的で合理的な主体」はどこで生まれ、どんな役割を果たしてきたのか。私たちの価値観を規定するこの人間像の謎を思想史的に解き明かす。

1183
現代思想史入門
船木亨
ポストモダン思想は、何を問題にしてきたのか。生命、精神、歴史、情報、暴力の五つの層で現代思想をとらえなおし、混迷する時代の思想的課題を浮き彫りにする。

1119
近代政治哲学
――自然・主権・行政
國分功一郎
今日の政治体制は、近代政治哲学が構想したものだ。ならば、その基本概念を検討することで、いまの民主主義体制が抱える欠点も把握できるはず！　渾身の書き下し。

1409
不道徳的倫理学講義
――人生にとって運とは何か
古田徹也
私たちの人生を大きく左右するにもかかわらず、倫理学では無視されがちな「運」をめぐる是非。それらの議論を古代から現代までたどり、人間の生の在り方を探る。

## ちくま新書

1241
不平等を考える
――政治理論入門
齋藤純一
格差の拡大がこの社会に致命的な分断をもたらしている。不平等の問題を克服するため、どのような制度を共有すべきか。現代を覆う困難にいどむ、政治思想の基本書。

294
デモクラシーの論じ方
――論争の政治
杉田敦
民主主義、民主的な政治とは何なのか。あまりに基本的と思える問題について、一から考え、デモクラシーにおける対立点や問題点を明らかにする、対話形式の試み。

1176
迷走する民主主義
森政稔
政権交代や強いリーダーシップを追求した「改革」がもたらしたのは、民主主義への不信と憎悪だった。その背景に何があるのか。政治の本分と限界を冷静に考える。

1327
欧州ポピュリズム
――EU分断は避けられるか
庄司克宏
反移民、反グローバル化、反エリート、反リベラルが世界を席巻！　EUがポピュリズム危機に揺れる理由は、その統治機構と政策にあった。欧州政治の今がわかる！

1477
EU離脱
――イギリスとヨーロッパの地殻変動
鶴岡路人
ついに離脱を現実のものとしたイギリスが失うものとはなにか？　一枚岩になれないEUはどうなるのか？　なお問題山積のヨーロッパの現在を最も正確に論じる。

1550
ヨーロッパ冷戦史
山本健
ヨーロッパはなぜ東西陣営に分断され、緊張緩和の後は一挙に統合へと向かったのか。経済、軍事的側面にも注目しつつ、最新研究に基づき国際政治力学を分析する。

1400
ヨーロッパ現代史
松尾秀哉
第二次大戦後の和解の時代が終焉し、大国の時代が復活し、危機にあるヨーロッパ。その現代史の全貌を、国際関係のみならず各国の内政との関わりからも描き出す。

## ちくま新書

1240
### あやつられる難民
——政府、国連、NGOのはざまで
米川正子
いま世界の難民は国連と各国政府、人道支援団体の間で翻弄されている。難民本位の支援はなぜ実現しないのか。アフリカ現地での支援経験を踏まえ、批判的に報告する。

1504
### アフリカ経済の真実
——資源開発と紛争の論理
吉田敦
豊富な資源があっても、大規模開発があっても、人々は貧しいまま。それはなぜなのか？　日本では知られていないアフリカ諸国の現状を解説し、背景を分析する。

068
### 自然保護を問いなおす
——環境倫理とネットワーク
鬼頭秀一
「自然との共生」とは何か。欧米の環境思想の系譜をたどりつつ、世界遺産に指定された白神山地のブナ原生林を例に自然保護を鋭く問いなおす新しい環境問題入門。

1542
### 生物多様性を問いなおす
——世界・自然・未来との共生とSDGs
高橋進
SDGs達成に直結し、生物資源と人類の生存基盤とを包摂する生物多様性。地球公共財をめぐる旧来の利益第一主義を脱し、相利共生を実現するための構図を示す。

1445
### コミュニティと都市の未来
——新しい共生の作法
吉原直樹
多様性を認め、軽やかに移動する人々によるコミュニティはいかにして成立するのか。新しい共生の作法が、既存の都市やコミュニティを変えていく可能性を探る。

837
### 入門　経済学の歴史
根井雅弘
偉大な経済学者たちは時代の課題とどう向き合い、それぞれの理論を構築したのか。主要テーマ別に学説史を描くことで読者の有機的な理解を促進する決定版テキスト。

1078
### 日本劣化論
笠井潔
白井聡
幼稚化した保守、アメリカと天皇、反知性主義の台頭、左右の迷走、日中衝突の末路……。戦後日本は一体どこまで堕ちていくのか？　安易な議論に与せず徹底討論。